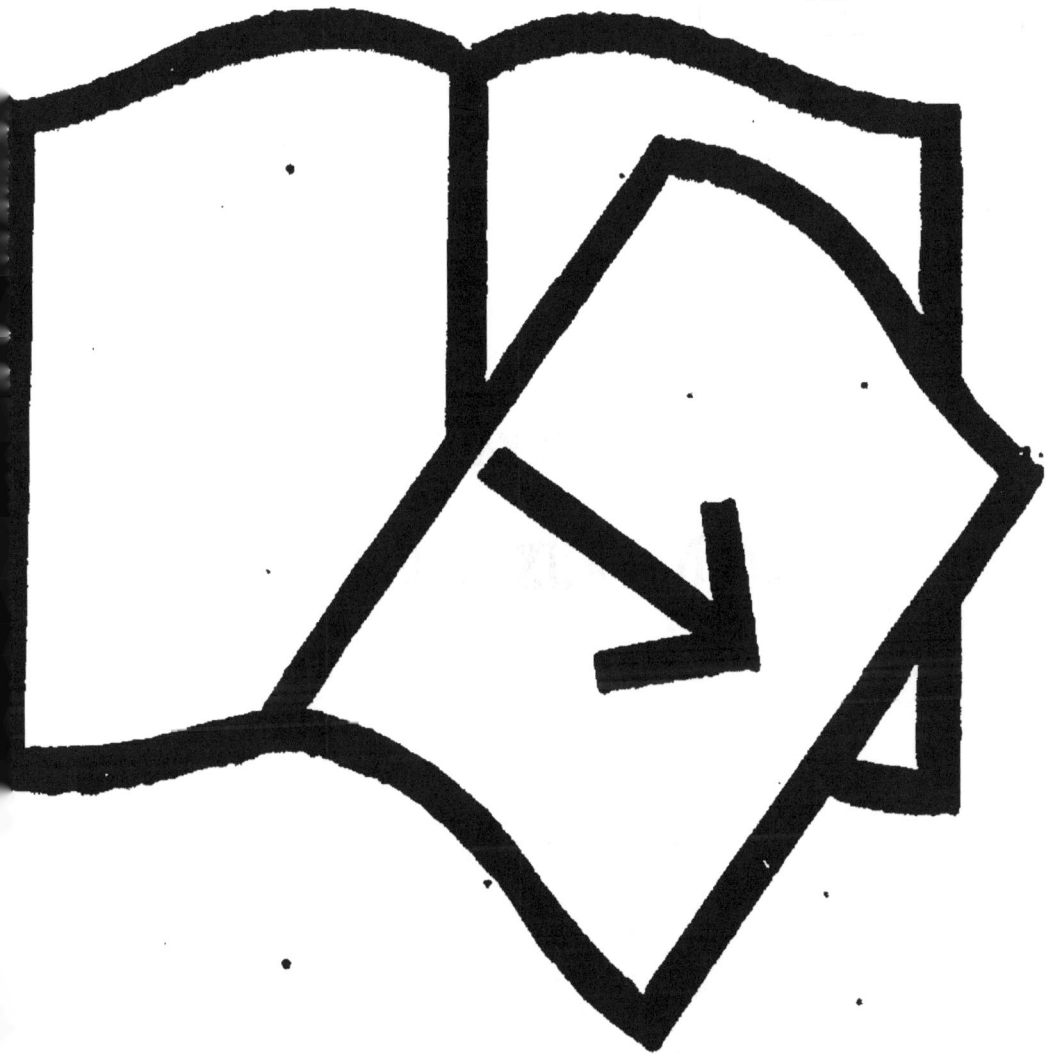

Couvertures supérieure et inférieure
manquantes.

VOYAGE

D'UN FAUX MUSULMAN

8ᵉ SÉRIE IN 12.

RENÉ CAILLÉ

VOYAGE

D'UN

FAUX MUSULMAN

A TRAVERS L'AFRIQUE

TOMBOUCTOU

Le Niger, Jenné et le Désert.

LIMOGES

EUGÈNE ARDANT ET Cⁱᵉ, ÉDITEURS.

VOYAGE

A TOMBOUCTOU

———

Supposons que vous ayez sous les yeux une carte du globe ; que, sur cette carte, vous vous établissiez à l'un des points qui représentent Brest, Nantes, Rochefort ou Bordeaux, à la droite du petit carré qui représente la France ; que de là, votre doigt se promène au large sur cet espace blanc qui figure la grande masse d'eau de l'Atlantique, et, laissant à gauche l'Espagne, le Portugal, le détroit de Gibraltar, continue son chemin en vue du cap Noun, du cap Boyador, du cap Blanc, du cap Vert, en vue des établissements français et anglais du Sénégal et de la Gambie ; puis, reprenne enfin terre à ce petit filet noir qui marque l'embouchure du Rio-Nunez : —

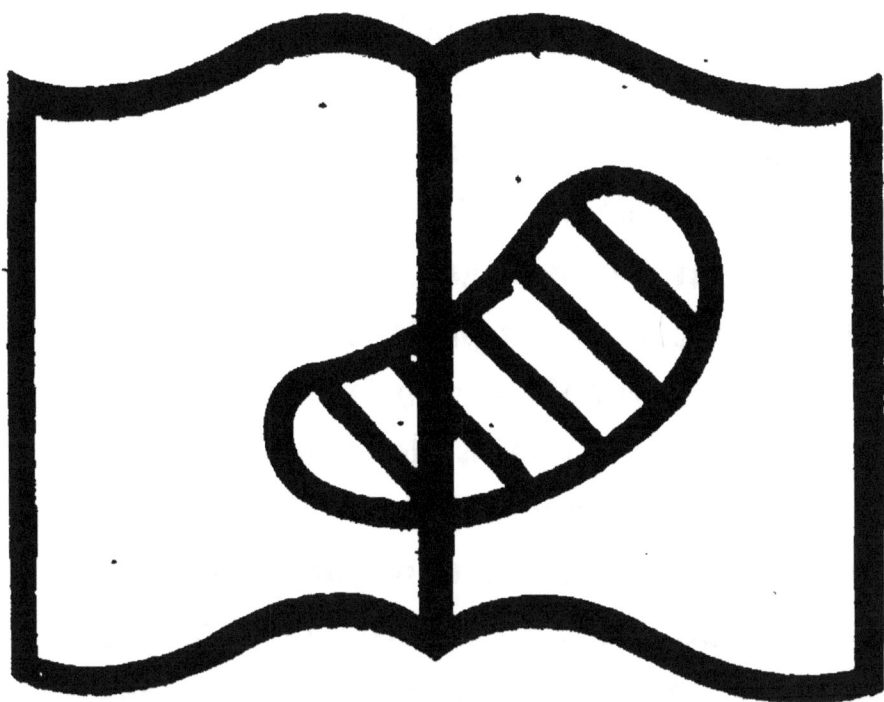

Illisibilité partielle

VALABLE POUR TOUT OU PARTIE DU
DOCUMENT REPRODUIT

parvenus là, vous avez fait douze ou quinze
cents lieues, et vous êtes au point de départ du voyage que nous allons entreprendre à la suite de M. Caillié.

A présent, notre ligne de route est bien
facile à tracer, par *à peu près* s'entend. Il
s'agit, en tournant le dos à la mer, de fixer
sur la carte un point à deux cents lieues
environ de l'embouchure du Rio-Nunez, et
de joindre ce point d'une part avec cette
embouchure, de l'autre avec l'empire de
Maroc, avec Fez et Tanger. Entrés en
Afrique par le côté qui fait face à l'Amérique, nous en sortirons par le côté qui fait
face à l'Europe; nous aurons fait sur le sol
africain un coude de neuf à onze cents
lieues.

Qu'y a-t-il à voir, à l'heure qu'il est, sur
cette longue ligne? Que se passe-t-il, dans
ces régions sur lesquelles la carte est presque entièrement muette, ou bien qu'est-ce
que représentent le petit nombre d'indications qu'elle donne? Sous quels aspects
se présentent là et la terre et les hommes?

Le soleil, les nuages, les montagnes, les rivières, ont-ils là les mêmes habitudes que chez nous? Le sol est-il pareil à celui que nous foulons? se pare-t-il des mêmes couleurs, porte-t-il les mêmes plantes, nourrit-il les mêmes animaux, et, creusé, laisse-t-il voir les mêmes choses? — Enfin, s'il y a des hommes dans ces vastes contrées, qui sont ces hommes? Quelle idée se font-ils de la vie humaine? Quel parti tirent-ils de la terre et des choses qu'elle porte? Quel parti tirent-ils de leurs semblables et d'eux-mêmes? Que savent-ils? Qu'imaginent-ils? Ce même soleil qui, eux aussi, les réchauffe et les éclaire, leur dit-il quelque chose des autres hommes qu'il a réchauffés et éclairés avant que d'arriver à eux, de ceux qu'il réchauffe et éclaire en même temps qu'eux : de nous, par exemple, qui sommes de ceux-là? Ces hommes s'occupent-ils de nous, comme nous nous occupons d'eux? Songent-ils également, de leur côté, à nous rendre visite?

Bien d'autres questions s'élèvent à la vue

do ces espaces si voisins de notre Europe,
et si fort négligés par elle; de ces espaces
où nos croyances et nos sciences, nos langues et nos institutions sont presque totale-
ment inconnues. Ces hommes, en effet, ne
pouvons-nous rien pour eux ? N'avons-nous
à échanger avec eux que des regards indis-
crets et méfiants ? Si différents qu'ils soient
de nous par l'extérieur et le costume, ou
même par l'organisation et les habitudes,
en sont-ils moins nos pareils au nom des
besoins universels de la nature humaine, au
nom du travail qui répond partout à ces
besoins, au nom de la sympathie par laquelle
chacun de nous est associé aux plaisirs et
surtout aux souffrances des autres hommes ?
Qu'ils le reconnaissent ou non, ils appartiennent à la grande famille dans laquelle
nous ne voyons, nous, que des frères nés
pour être unis, des frères que l'erreur seule
sépare.

Deux questions surtout ont attiré, de nos
jours, l'attention des Européens vers cette
partie de l'Afrique.

L'une de ces questions se rapportait à un vaste courant d'eau qui promettait à lui seul un puissant instrument aux recherches ultérieures. Car, vous le savez, une rivière en ces régions brûlantes, ce n'est pas seulement, comme ailleurs, *un chemin qui marche* (1), c'est un chemin qui désaltère ceux qu'il porte, un chemin qui leur prépare devant eux des vivres et un abri sur les rives que son eau fertilise. De là l'importance de la question du NIGER, ce *Nil des Noirs*, mentionné il y a plus de deux mille ans par l'historien grec *Hérodote*, retrouvé en 1705 par l'Anglais *Mungo-Parck*, et dont les sources principales furent indiquées, en 1822, par l'Anglais *Laing*. Plus récemment, en 1830, deux autres Anglais, *Richard Lander* (ci-devant domestique du célèbre voyageur *Clapperton*), et son frère *John*, se livrant hardiment au courant du fleuve, l'ont descendu jusqu'à la mer.

L'autre question, qui touchait de près à

(1) L'expression de *Pascal*.

la première, était relative à la ville de Tombouctou (1), voisine du fleuve, et comme
lui, mystérieuse. Ce nom, il faut le dire,
exerçait une sorte d'enchantement sur l'i-
magination des géographes. Ils ne pouvaient se représenter sans enthousiasme
une capitale grandie, comme par miracle,
sous le souffle desséchant du Désert : véritable port de cet océan de sable qu'on appelle le *Sahara*, entrepôt florissant d'un
commerce perpétuel entre le nord et l'occi-
dent de l'Afriqu. C'était à qui lui prêterait
les plus larges dimensions ; les évaluations
les plus modérées ne lui donnaient pas
moins de cent mille habitants. Un écrivain
arabe, enchérissant sur les exagérations de
ses compatriotes, allait même jusqu'à dire :
« C'est la plus grande ville que Dieu ait
» créée. »

Vous commencez à craindre que la réalité ne réponde pas à ces pompeuses annon-

(1) Ou *Temboclou* ou *Ten-Bokloue*, comme on
commence à l'écrire à présent, d'après l'Arabe Ben-
Bacoula.

ces ; elles auront du moins servi à tourner l'attention de ce côté. Si l'on n'a pas le singulier plaisir que l'on se prcmettait de rencontrer un *Paris* au milieu des sables, en tevanche on aura quelques pages de plus à ijouter à l'inventaire de notre planète, et lu recensement général de la famille humaine.

Quant à nous, nous sommes, pour le moment du moins, condamnés à ne visiter ces contrées lointaines que par les yeux d'autrui, et, pour ainsi dire, par procuration. — Le voyageur qui se charge de les visiter pour nous se fera-t-il toutes les questions que nous nous ferions en pareil cas ? Arrivera-t-il là-bas avec nos propres préoccupations ? Par lui serons-nous là comme si nous y étions nous-mêmes ? C'est chose dont on peut douter ; toutefois, dans l'impossibilité où nous sommes, pour longtemps peut-être, de nous transporter en personne à douze cents lieues d'ici, cette ressource des récits d'emprunt (la seule qui nous reste) n'est pas à dédaigner. Elle serait plus précieuse encore, si les lecteurs de *voyages* avaient le bon esprit de ne demander au voyageur que ce qu'il sait, de ne pas le contraindre à parler des choses que les circonstances du trajet ou bien le défaut de connaissances préalables ne lui ont pas permis de remarquer. Loin de là, le voyageur est tenu, d'ordinaire, de tout voir, de tout entendre, de tout comprendre ; il est tenu d'entrer dans le pays avec tous les moyens d'observation que chacune de nos sciences modernes prête à ses disciples ; il est tenu d'en sortir sans oublier le nom d'une seule bicoque. Le lecteur gagne-t-il en réalité quelque chose à ces exigences ? eh mon Dieu non ! Le voyageur fait semblant d'être en état d'y satisfaire ; il parle de tout ; il ne laisse pas en blanc une seule des stations de son itinéraire : toutes les lacunes de ses notes ou de sa mémoire, il les remplit de la meilleure grâce du monde : son honneur est sauf aux dépens de sa probité.

Tâchons d'être justes, ne fût-ce que pour n'être pas trompés ; et, prenant notre royageur pour ce qu'il est, ne le forçons pas à se donner pour autre. Voyons ce que nous pouvons en conscience attendre de lui, et ne lui demandons rien de plus.

Dès l'ouverture de son livre (1), nous apprenons que c'est un jeune homme de vingt-six à vingt-sept ans. Ni dans le village de Poitou (2) qu'il quitta, nous dit-il, à seize ans pour la côte d'Afrique, avec *soixante francs* pour toute fortune, et quelques lectures de voyages pour toute instruction ; ni dans ses différentes courses au Sénégal ou à la Guadeloupe, il n'eut le loisir ou le moyen d'acquérir les connaissances qu'un voyage de découverte exige. — De plus, s'il parcourt sur le globe la ligne de route que nous venons de tracer sur la carte, c'est en passant, c'est à la dérobée, à la hâte, dans des transes perpétuelles, et comme en traversant un camp ennemi :

(1) JOURNAL *d'un voyage à Tembouctou et à Jenné*, etc., par René CAILLIÉ.

(2) *Mauzé* près Thouars, département des Deux-Sèvres

sans autre défense que celle que ses maux
lui acquièrent de loin en loin dans les âmes
compatissantes ; sans autre protection que
la pitié ou le mépris qu'il inspire. Pauvre
mendiant dévot, marchant seul et à pied
au milieu de tant de populations étrangè-
res, bien souvent, c'est à peine s'il ose lever
les yeux de dessus le grand chapelet musulman qui lui sert de passeport.

Vous voyez qu'il est difficile de voyager
dans des conditions plus défavorables. Nous
serions mal venus à vouloir qu'il sorte de
là une relation nourrie d'observations ap-
profondies et savantes. Toutefois, un pareil
trajet peut nous apprendre encore bien des
choses que nous ignorons, et nous en rappeler d'autres auxquelles nous ne songeons
pas. En laissant même les indications que
le voyageur a tâché de recueillir sur les
pays qui se trouvaient à droite et à gauche
de sa route ; en laissant encore la longue
liste de dénominations géographiques qu'il
s'est efforcé de compléter ; il reste les choses qu'il a vues de ses yeux, les choses que

tout passant en Afrique pourrait apercevoir de même, les choses sur lesquelles il ne peut y avoir de doute, sans inculper, non pas les lumières, mais la bonne foi même de celui qui les raconte : il reste les événements auxquels le voyageur a été mêlé, dans lesquels il s'est trouvé tout ensemble acteur et spectateur. Le *journal* de M. CAILLIÉ serait réduit au récit de ses propres aventures, qu'il n'en serait par là même sur l'Afrique qu'un témoignage plus expressif et plus authentique.

De ce que M. Caillié avoue franchement qu'il s'est mis en route sans avoir pu jamais acquérir les connaissances qui peuvent donner le plus de prix à une pareille entreprise, il ne s'ensuit pas qu'il soit parti sans préparation aucune. Rien que pour entrer sur le territoire d'Afrique, il faut se déguiser, se transformer, se composer un rôle. Ce rôle, il faut, dans une si longue traversée, qu'il s'adapte également à chacun des pays à parcourir ; qu'il convienne aux ressources particulières du voyageur, qu'il

s'accommode à ses moyens d'observation.
Une fois ce rôle composé, il faut l'apprendre, il ne faut pas l'oublier un seul instant :
il y va de la vie. Ce rôle, quel qu'il soit,
bien choisi et bien joué, est à lui seul un
renseignement précieux sur les contrées
dont il ouvre la porte au voyageur.

Ainsi donc, à part ses résultats, et seulement pour être mise à exécution, la traversée que nous nous proposons demande un
apprentisage. Celui de M. Caillié, com-
mencé de bonne heure, et plus long par le
manque même d'encouragements et de secours, dura près de dix années. Trois voya-
g s successifs au Sénégal, deux essais malheureux pour pénétrer dans l'intérieur à la
suite des expéditions anglaises, le familia-
risèrent avec toutes les difficul és de sa
tâche. Dans l'une de ces tentat ves, il vit
par lui-même combien la foule des chameaux, la richesse du bagage, et même une
troupe de soldats armés, servent de peu
contre des hommes qui, s'obstinant à fermer aux Européens l'accès de leur pays,

o mptent au nombre de leurs armes offensives le soleil et le sable, et n'ont rien que leurs puits à défendre. Une retraite ruineuse « et plus sinistre qu'une déroute » lui apprit qu'à moins, de se frayer le chemin par la force, l'étude de ces populations défiantes ne devait pas se faire avec tant de bruit.

Ainsi, le plus grand obstacle à la traversée que nous nous proposons, ce sont les hommes. Des Arabes, en effet, de ra o plus ou moins mélangée, ont pénétré partout en ces parages parmi les populations noires et partout, avec le nom de Mahomet et ses lois sévères, ils ont implanté la haine et le mépris des *Chrétiens* : mettant, sous ce nom, tous les Européens *hors la loi;* nous dévouant tous tant que nous sommes, en cette vie, au brigandage et à la filouterie des *Fidèles*, et dans l'autre, aux flammes éternelles de l'enfer.

Notre jeune voyageur (1) jugea que le

(1) M. Caillié avait alors vingt-quatre ans.

plus court était d'apprendre leur religion
et leur langue. Il trouva tout simple d'aban-
donner les chances de fortune que lui offrait
le commerce (1), pour aller faire son édu-
cation musulmane chez les Musulmans eux-
mêmes. Pour maîtres d'arabe et d'islamisme, il choisit les Arabes (ou Maures)
Braknas qui errent avec leurs troupeaux
entre le Sénégal et le Désert, à cinquante
ou soixante lieues de la côte.

Je ne m'arrêterai pas à vous raconter le
traitement que lui valut de leur part son
apparente conversion aux croyances musulmanes. Ses hôtes lui montrèrent à lire l'é-
criture arabe, et lui firent apprendre par
cœur force versets du Coran. Il fut même
pourvu d'une planchette d'écolier, et,
comme les enfants, soumis, le matin avant
le jour et le soir à la nuit, à chanter à haute
voix la gloire d'*Allah* et de *Mohamed*, à la
lueur d'un petit feu.

La langue usuelle de ces Arabes lui de-

(1) Un négociant lui avait fait l'avance d'une
petite pacotille.

rait être par la suite du plus grand secours.
Leur société était du reste une excellente
école de mœurs africaines, de vie uniforme
et simple, et par-dessus tout, de sobriété.
Chose étrange pour nous! Chose bien plus
étrange encore pour l'estomac du pauvre
voyageur, leur principale nourriture, c'est
le lait : aux chefs, le lait de chameau ; aux
autres, le lait de vache, de chèvre ou de
brebis; dans la saison des pluies ils ne prennent pas autre chose. Une simple bouillie
de mil pilé et assaisonnée d'herbages sup-
plée au lait dans les temps de sécheresse.
Un repas de viande séchée est le privilége
des plus riches, et pour eux-mêmes, un
régal. Le reste est à l'avenant.

Ces privations continues ne les dispensent pas du jeûne que la religion leur im-
pose, jeûne auprès duquel ce que les Européens appellent aujourd'hui de ce nom n'est
qu'un jeu. Ce jeûne, en dévôt catéchumène,
abdallahi (1), c'est le nom que M. Caillié

(1) Ce nom qui signifie *esclave de Dieu* est de
ceux que recherche l'humilité musulmane.

s'était donné, y fut astreint sans miséri-
corde.

« Le soir (5 avril 1825) on aperçut la
nouvelle lune. C'était celle du Ramandan :
le carême allait commencer. On fit de longues prières et beaucoup de bouillie de
mil... » C'était dans la saison des chaleurs,
par un vent d'est étouffant. Une tasse de
lait aigre *avant* et *après* le coucher du
soleil ; à onze heures du soir, une simple
bouillie de mil : tel était, tel est encore sur
la rive droite du Sénégal le régime de *la
lune du jeûne*.

« Le sixième jour, dit le voyageur, je
crus que je ne pourrais soutenir plus longtemps ces terribles mortifications. La chaleur augmentait ; ma soif était insuppor-
table : j'avais la gorge desséchée ; ma langue, gercée, me faisait l'effet d'une râpe
dans la bouche. Je crus que je succombe-
rais ; je ne souffrais pas seul : tout le
monde, autour de moi, endurait les mêmes
tourments. Enfin, les *Marabouts* se baignè-
rent le visage, la tête et une partie du corps.

On me permit d'en faire autant; mais
j'étais observé avec la plus grande attention. »

Une seule fois il avale avec frayeur une
partie de l'eau avec laquelle il était permis
de se laver la bouche.

« Je jeûnai ainsi dix-sept jours; le dix-
huitième, je fus attaqué de la fièvre; alors
on me dispensa du jeûne, si toutefois on
peut appeler ne pas jeûner boire un peu
d'eau dans la journée, car on ne me donna
absolument rien à manger. »

Huit ou neuf mois de séjour parmi les
B.akuas ont mis le voyageur à même de
nous raconter à loisir tous les incidents,
très-peu variés du reste, de leur vie ambu-
lante, de nous introduire dans leurs maisons portatives, de nous montrer leur ameublement, leur costume; de nous faire voir
comment sont réparties chez eux, entre les
diverses classes d'hommes libres ou d'esclaves, les différentes fonctions industrielles,
commerciales, civiles, militaires, religieuses, etc. Ces curieux détails nous mène-

raient trop loin. Il ne faut pas oublier que nous avons beaucoup de chemin à faire.

Le *chrétien*, dont la conversion avait toujours laissé quelque défiance, était allé aux bateaux français sur le fleuve, et, contre l'espérance de ses hôtes, il était revenu partager leur fade bouil ie de mil.

Il s'agissait d'*acheter un troupeau et deux Noirs* pour établir chez les Braknas son point de départ sur une base solide. Par malheur, le gouverneur français, qui avait encouragé ses premiers essais, était parti. M. Caillié vit ses offres repoussées, et des espérances qui lui coûtaient déjà tant de fatigues, ruinées de fond en comble. Il s) fit empailleur d'oiseaux, pour vivre. Le gouverneur, revenu, ne répondit à son empressement que par de vagues promesses. Les Anglais de Sierra-Leone l'accueillirent mieux à tous égards. Les Français lui avaient opposé M. de Beaufort et les railleries amères sur sa prétendue conversion et sur son costume. Les Anglais, en lui opposant le major Laing, également parti pour Temboctou, lui offrirent l'hospitalité la plus généreuse. Près de deux ans s'écoulèrent ainsi dans des désappointements continuels.

M. Caillié ne se rebuta point. Il avait eu connaissance du prix proposé en 1824 par la *Société de géographie* de Paris, au voyageur qui parviendrait le premier à Temboctou par la voie de la Sénégambie ; il se disait : « Mort ou vif, je l'obtiendrai ; si je n'en jouis pas, ma sœur le recueillera. » Il ajoute : « Je refusai tout arrangement ; je voulus au moins laisser à l'amie de mon enfance une propriété incontestable, le mérite d'avoir tout fait par moi seul. »

Il se lia à Free-town (1) avec des Noirs musulmans venus de l'intérieur : puis, un jour, sous le sceau du secret, il leur apprit d'un air très-mystérieux qu'il était né à Alexandrie en Egypte, qu'il avait été fait prisonnier par l'armée française, et conduit au Sénégal pour faire les affaires commer-

_____

(1) Chef-lieu de la colonie anglaise de Sierra-Léone.

ciales de son maître : qu'affranchi pour ses services, il voulait retourner dans son pays natal, et reprendre la religion de ses pères.

Telle est la fable sur la foi de laquelle allait reposer pendant près de dix-sept mois la sûreté de sa vie.

Une petite friponnerie lui fit sentir dès le lendemain qu'il ne pouvait espérer, avec l'habit européen, vaincre les vieilles habitudes de ses nouveaux amis d'Afrique; il s'empressa de gagner par mer un endroit où il pût débarquer avec son costume arabe, et choisit pour tel l'embouchure du Rio-Nunez, à cinquante lieues nord de Sierra-Leone. Il avait converti en argent et en marchandises les *deux mille francs* d'économies qui composaient toute sa fortune; dix-sept cents francs avaient été consacrés à des achats de poudre, de papier, de tabac, de verroteries, d'ambre, de corail, de mouchoirs de soie, de couteaux, ciseaux, miroirs, clous de girofle, de trois pièces de guinée bleue et d'un parapluie. Tout cela ne pesait pas cinquante kilogrammes. Le reste en or et en argent tenait dans sa ceinture. Quelques Anglais lui procurèrent divers médicaments, de la crème de tartre, du jalap, du calomélas, divers sels purgatifs, du sulfate de quinine, des emplâtr.s de diachylon, enfin du nitrate d'argent. M. Caillié se pourvut, en outre, de deux petites boussoles, et remplit les poches de son costume arabe des feuillets d'un Coran qu'il avа t déchiré.

Parti de Sierra-Leone, le 22 mars 1827, il arrive au village de Kakondy, sur la rive du Rio-Nunez, le 31. Un coup de fortune pour lui ce fut, dans ce village, la rencontre d'un négociant français (1) qui se fit un plaisir de mettre son expérience du pays au service de son jeune compatriote. Il fit venir quelques Noirs voyageurs, fort considérés, leur livra le voyageur avec les recommandations les plus vives et des présents plus expressifs encore. Ces présents représentaient la valeur d'un bœuf en marchandises.

(1) M. Castagnet.

DÉPART.

« Le 19 avril 1827, dit M. Caillié, je pris congé de M. Castagnet. L'avouerai-je ! je pleurais en quittant mon généreux ami et pourtant ces regrets bien sincères ne pouvaient altérer la joie que j'avais d'entreprendre enfin ce voyage. » A deux heures de marche de Kakondy, sur la rive gauche du Rio-Nunez, les tombeaux de cinq voyageurs anglais (entre autres, du major Peddie) durent assombrir la longue perspective de nouveautés, mais aussi de fatigues et de périls qui s'ouvrait enfin devant l'impatient voyageur. Une fois qu'il aura mis derrière lui les hautes montagnes boisées qu'il voit à l'horizon, il lui faudra marcher bien longtemps avant qu'un mot français revienne frapper son oreille, et l'invite à déposer enfin non plus seulement sa couverture de laine et ses sandales, mais encore ce fardeau de défiances, de mensonges et de faux semblants qui lui pèse encore plus.

Nos compagnons de voyage, au départ, sont cinq Noirs libres, *Mandingues* aux cheveux crépus, au nez aquilin, aux lèvres minces, et trois Noirs esclaves. Tous, à l'exception du chef noir Ibrahim et de sa femme, portent sur leur tête des charges énormes dans de longues corbeilles. Un *Foulah* (au teint marron-clair, cheveux crépus, lèvres minces) porte sur sa tête le bagage du voyageur.

Le voyage commence le plus heureusement du monde. Les Noirs, moyennant quelques morceaux d'étoffe, ont pour Abdallahi toutes les attentions possibles. Les Foulahs rencontrés en route, les uns chargés de sel qu'ils voiturent dans l'intérieur à trente ou quarante lieues de là, sur leur tête, les autres apportant à la côte des cuirs, de la cire, du riz que les marchands européens se disputent, en apprenant que le

blanc est Arabe ne peuvent se lasser de le
regarder et de le plaindre, viennent s'asseoir à terre près de lui, prennent ses jambes sur leurs genoux, et les pressent dou-
cement pour le délasser. « Tu dois bien
souffrir, lui disent-ils, car tu n'es pas habitué à faire une route aussi pénible. » Ils
vont eux-mêmes chercher des feuilles pour
lui faire un lit : « Tiens, voilà pour toi, car
tu ne sais pas comme nous dormir sur la
pierre. »

Emerveillé de cette dévotion charitable,
étendu sur son lit de feuillage, le voyageur
couche sans crainte à la belle étoile : quelquefois sous de magnifiques ombrages, quelquefois sous des appentis de branches et de
paille destinés à abriter les passants. Partout, le guide Ibrahim s'empresse de débi-
ter et d'embellir l'histoire d'Abdullahi, le
faisant naître à la *Mecque* même, la seule
ville du monde dont le nom soit parvenu à
ces peuples. Par out à la nouvelle de l'arrivée d'un compatriote du Pr phète, les
hommes et les femmes accourent, non plus

avec la curiosité méprisante des bords du
Sénégal, mais avec une sorte d'ingénuité
respectueuse, se tenant à distance du saint
étranger, lui ouvrant cordialement leurs
cabanes, lui apportant quelquefois la seule
chose qu'ils possèdent, de petites galettes
de riz mêlé de miel et de piment, séchées
au soleil, le pain de maïs jaune et frais,
assaisonné de miel et de pistaches grillées
et pilées, du lait, des fruits : présents que
les femmes lui offrent souvent à genoux.

Un exemple vous donnera une idée plus
précise de ces bergers montagnards : « Un
soir que la petite caravane avait, comme
d'ordinaire, fait halte auprès d'une source
pour y passer la nuit, je vis un jeune Foulah qui ne pouvait se lasser de me regarder.
Il me proposa de le suivre à son camp, pour
boire du lait. Comme je ne voulais pas y
aller seul, il engagea un de mes compagnons de voyage à m'accompagner : deux
d'entre eux s'y prêtèrent avec complaisance.
Le jeune homme marchait devant nous
pour nous enseigner la route, et avait soin

d'ôter de grosses pierres qui se trouvaient
sur mon passage. Arrivé à son camp, qui
était tout près de notre halte, il s'empressa
de sortir une peau de bœuf sur laquelle il
me pria de m'asseoir. Ce camp se composait de cinq ou six cases en paille presque
rondes et très-basses : il fallait se mettre
en deux pour y entrer. L'ameublement se
composait de quelques nattes, peaux de
mouton et calebasses pour mettre du lait;
le lit, de quatre piquets sur lesquels étaient
placés en long des morceaux de boi : recou-
verts d'une peau de bœuf. Il alla avertir sa
vieille mère et ses sœurs, et leur dit que
j'étais un Arabe compatriote du Prophète,
et allant à la Mecque. Elles me regardèrent avec beaucoup de curiosité, et en faisant plusieurs gestes crièrent *La allah il*
allah, etc. (Il n'y a d'autre Dieu que Dieu
et Mahomet est son prophète) — à quoi je
répondis par la formule ordinaire. Elles
s'assirent à une petite distance de moi, et
me regardèrent tout à leur aise. Le jeune
Foulah alla me chercher du lait dans une

calebasse qu'il eut soin de laver (excessive politesse de leur part), puis m'apporta un peu de viande frite ; je l'engageai à en manger avec moi ; mais, en me montrant du doigt la lune, il me dit d'un air timide et riant : Je jeûne, c'est le Ramadan. »

Nous traversons ainsi des montagnes verdoyantes, coupées de ravins au fond desquels grondent de nombreux ruisseaux : marchant le plus souvent à l'ombre de hautes forêts (1), sans autre incident que la rencontre de quelques singes roux qui aboient comme des chiens. A l'un des nombreux passages à gué de rivières grossies tout-à-coup par les orages, le voyageur faillit être emporté par le courant : les noirs effrayés criaient à tue-tête : *Allah il allah*, etc. (Dieu est Dieu et Mahomet est son prophète).

Du reste, le voyageur essuie chaque jour un violent orage et quelquefois plu-

(1) « Peuplées, dit M. Caillié, d'une foule d'oiseaux *dont les couleurs varient à l'infini.* »

ticurs. Les pluies qui commencent en avril
durent six mois consécutifs en ces montagnes. Mouillé jusqu'aux os, il marche pieds
et jambes nus par des chemins inondés. Ce
pays montagneux est habité par des Foulahs qui y promènent leurs troupeaux, et
semé de villages d'esclaves noirs cultivateurs. La vie paraît y être facile pour tous;
le lait des vaches et des brebis, un peu de
riz qui croît facilement dans la plaine, suf-
fisent à leur nourriture, avec le fruit du
nédé, du pistachier, de l'oranger, du bana-
nier. Vous venez d'entrer chez le bon jeune
Foulah; visitez à présent les villages de
Noirs esclaves : vous les trouvez entourés
de belles plantations de bananiers, ananas,
cassave, ignames, choux caraïbes : le tout
bien soigné par les femmes, pendant que
les hommes sont aux champs de riz ou de
foigné.

Le corps, la tête surtout, graissés de
beurre, vêtus, du reste, comme les Mandingues, d'une chemise sans col et sans manche et d'une large et courte culotte de

grosse toile de coton blanche arrêtée seulement à la ceinture par une coulisse, les
Foulahs se tiennent très-droit, mettent
beaucoup de sérieux dans leurs démarches,
et se croient très-supérieurs aux Noirs.
Leurs armes ordinaires de voyage sont des
flèches empoisonnées et des lances. Cependant, le fer n'est pas rare dans leurs montagnes et M. Caillié a vu, chez eux plu-
sieurs fourneaux de cinq à six pieds de
haut, de dix-huit à vingt de tour avec une
cheminée à la voûte et quatre trous à la
base.

Le 28 avril, grand jour de fête ; séjour,
pour la célébration de la Pâque ; le matin,
prière en commun, plus solennelle que de
coutume ; les marchands se prosternent
à la file et Abdallahi avec eux. « Au sortir
de la prière, on se dispose à tuer le bœuf
(acheté la veille en commun entre douze ou
quinze). » Les Mandingues passèrent près
d'une heure à égaliser les lots de viande :
ils prirent chacun un petit morceau de
bois pour les mesurer ; des coups de fusil et

des chants à la louange d'Ibrahim (qui
fournit la poudre), répondent par avance
au plaisir promis par le copieux repas qui
s'apprête. Sans avoir pris part à l'achat du
bœuf (le moment serait en effet mal choisi
pour paraître riche), Abdallahi est appelé
à prendre part au festin. Ce jour-là une
petite querelle des jours précédents au
sujet du cadeau de M. Castagnet, est mise
en oubli. « En entrant dans la case d'Ibrahim, je vis une grande calebasse de riz
bouilli, sur lequel on avait mis de la viande
en assez grande quantité. Nous nous assîmes autour et chacun mit la main au plat.
Le riz fini, Ibrahim distribua la viande. »
Le reste du bœuf est exposé toute la nuit à
la fumée, et mis pour les jours suivants
dans des sacs de cuir. Quant à la peau, on
l'échange contre une provision de riz.

Le 29, nous arrivons sur des roches rou-
geâtres et poreuses à la petite montagne
de granit noir qui sépare le pays d'*Irnanké*
où nous étions tout-à-l'heure, du *Foula-
dhialon* où nous allons entrer. Le voyageur

ne peut pas garder les sandales du pays, et marche pieds nus sur les roches (1).

Le premier village du Fouta-dhialon vous donnera une idée des autres. Une haie vive lui sert de muraille ; les cases grandes et bien tenues, appuyées là sur une terre jaune et fertile, sont entourées de belles cultures potagères dont les femmes et les enfants ont le plus grand soin. Ils se donnent même la peine de balayer les allées qui conduisent à leur case. Du reste toujours même sobriété.

Le dîner du chef, obligeamment offert, après la prière, à Ibrahim et à Abdallahi, n'est autre chose que du riz cuit à l'eau assaisonné de lait aigre. Ils le partagent assis à terre sur une natte, auprès d'un petit feu, que l'humidité rend nécessaire. « Après ce léger repas, ajoute le voyageur, la femme du chef vint s'asseoir avec nous ; elle écoutait en silence la conversation qui

___

(1) M. Caillié dit ici : « Aux roches succédèrent des pierres *de nature volcanique.*

roulait sur les *Chrétiens* dont ils parlent toujours avec mépris. Elle eut la complaisance de me donner un peu de lait, qu'elle m'engagea à boire, puis alla chercher quelques figues et bananes, les mit dans une calebasse bien propre, et nous les donna à mon guide et à moi. Cette femme avait une physionomie extrêmement douce ; son vêtement consistait en deux bandes de toile de coton fabriquée dans le pays et de la plus grande propreté. Elle n'exhalait pas l'odeur de beurre rance des femmes foulahs du pays d'Irnanké. »

Le pays est généralement découvert ; la route, suivie par Ibrahim, traverse tour-à-tour des monticules pierreux et des plaines de terre jaune ou de sable noir également fertiles : plaines arrosées par un grand nombre de rivières rapides, du moins après les violents orages qu'essuie chaque jour le voyageur.

Le blanc excite toujours la curiosité de tous. Les habitants, au teint noir ou marron, accourent en foule pour le voir. Quelques-uns le corps tout couvert d'ulcères. Abdallahi prend pitié de leurs infirmités, et devient leur médecin. « Je leur distribuai, dit-il, quelques caustiques (du nitrate d'argent, autrement dit *pierre infernale*) avec de la charpie : ils m'envoyèrent un bon souper en signe de reconnaissance. »

La case où il séjourne ne désemplit pas ; les questions et les présents se succèdent. Plusieurs grands marabouts lui viennent rendre visite. Le chef d'un village voisin lui envoie du lait et une *noix de colats*, signe de grande considération. Les femmes, plus par curiosité que par dévotion, lui apportent de la cassave, du lait, des oranges, du riz, et les lui présentent à genoux. Indisposé, il reçoit, en cadeau, une grosse poule. Les chefs de village lui offrent leur souper de riz au lait aigre. Un cordonnier lui donne une paire de sandales. Le voyageur note sur son chemin des champs de tabac d'une petite espèce et de coton semé à la volée et mal soigné.

Le chef d'un de ces villages, très-honoré

3

de recevoir dans sa case (grande et belle
case à deux portes) un compatriote du Prophète, vient près de son hôte, lui passe les
mains sur la tête, puis se frotte dévotement
la figure. Ce vieillard s'agenouillait pour
la prière, à l'ombre d'un oranger, sur de
petits tas de cailloux bien piquants ; Abdallahi dut l'imiter. Ce vieillard lui présente
un enfant de quatre à cinq ans à qui toutes
les prières musulmanes n'avaient pu rendre
la vue : les parents repoussent avec horreur
l'idée de conduire le malade à la colonie de
Sierra-Leone, et de remettre leur enfant
anx mains des chrétiens.

Le 7 mai, un violent orage, contre lequel
le parapluie du voyageur lui est d'un faible
secours, fait entrer Abdallahi dans la case
d'une bonne vieille négresse qui s'empresse
de lui donner l'hospitalité, et le régale de
quelques morceaux de cassave rôtis sur les
charbons ; ses deux garçons qui reviennent
tout nus des champs, apprenant qu'un
Arabe allant à la Mecque est chez leur mère,
lui rendent aussitôt visite : « Ils s'informè-

rent de ma santé d'un ton fort doux, et
m'engagèrent à partager leur case qui était
beaucoup plus grande. Avant de m'emme-
ner chez eux, ils eurent soin d'aller chercher une grande natte pour me couvrir,
car la pluie continuait toujours : Ils me
firent asseoir dans leur case, sur une peau
de mouton, près du feu. Ils m'offrirent un
peu de lait aigre que, peut-être, ils réser-
vaient pour leur souper. La bonne mère
fit bouillir pour eux et pour elle un peu de
foigné (graminée qui croît en abondance
en ces montagnes) assaisonné d'herbage,
le tout sans beurre et sans sel. Ibrahim
m'envoya mon souper de riz au lait : ni les
jeunes garçons ni la mère ne voulurent y
toucher *parce qu'ils* sont esclaves. Nous
fîmes la prière ensemble, et nous nous
couchâmes sur des nattes. »

Le 8, la caravane traverse à gué avec
bien de la peine une rivière d'une centaine
de pas de large, dont l'eau bouillonne sur
un lit de granit noir aux roches coupantes
et glissantes (le *Bâ-Fing* ou Rivière-Noire,
principal affluent du Sénégal).

Viennent ensuite des gorges de montagnes de trois mètres de haut, tantôt couvertes de hautes forêts, peuplées de mille oiseaux aux couleurs éclatantes et de singes rouges, tantôt ne présentant autre chose que des roches nues de granit. Dans l'un des villages de la vaste plaine qui succède à ces monts, arriva la nouvelle qu'un homme de l'endroit avait été tué dans une bataille. « Les femmes du défunt, accompagnées de leurs parentes ou amies, se promenèrent dans les rues en chantant d'une voix glapissante, se frappant tour-à-tour dans les mains et sur le front. Une demi-heure après, ajoute M. Caillié, je les vis reparaître, toutes vêtues de blanc : elles avaient l'air calme et résigné. Elles reprirent aussitôt leurs occupations ordinaires. Les hommes, assis à terre devant la mosquée, paraissaient consternés de la mort de leur camarade, et blâmaient hautement la conduite de leur souverain. »

Le 0 mai, après bien des villages et bien des camps habités par des Noirs esclaves

ou par des Foulahs au teint marron-clair,
nous arrivons au premier village du Fouta
habité par des Noirs libres, par des Mandingues. Les compagnons de voyage d'Abdallahi arrivent chez eux les uns après les
autres et la caravane diminue à chaque pas.
Chacun, à son retour, s'empresse de faire
fête à l'Arabe, et de le montrer à ses femmes
et à ses enfants.

Le 10 mai, dans un village peuplé mi-
partie de Foulahs et de Mandingues, Abdallahi est conduit devant la mosquée où grand
nombre de Mandingues étaient assis par
terre autour de deux grandes calebasses
pleines de riz pilé, trempé dans l'eau et
partagé en poignées ; le tout paré de quelques *noix* de colats ouvertes, roses et blanches. Un marabout fit quelques gestes et
prononça quelques paroles ; puis les poignées de riz furent distribuées aux assistants comme une sorte de pain bénit. Les
absents eux-mêmes eurent leur part. Abdallahi, assis à terre sur une peau de mouton,
en reçut deux morceaux « qu'il lui fut,

dit-il, impossible de manger, tant il les trouva fades. » Cette cérémonie avait lieu en l'honneur de deux jeunes enfants à qui l'on avait rasé la tête pour la première fois.

Le même jour, après la station accoutumée, au coucher du soleil pour la prière, les coups de fusil des compagnons d'Ibrahim annoncent son entrée dans son village.

CAMBAYA.

« Une seconde décharge eut lieu dans la cour de mon guide en l'honneur de notre arrivée. La joie était peinte sur tous les visages. Je voyais ces bons nègres embrasser leurs petits enfants, et les presser dans leurs bras..... Les femmes plus réservées avaient l'air timide : en abordant leur mari,

elle posaient un genou en terre en signe de
salutation, et ne lui adressaient aucune
question. Les voisins accoururent en foule
féliciter leurs amis sur l'heureuse issue de
leur voyage. On tendit des peaux de bœuf
dans la cour, et l'on s'assit en ronde au
clair de la lune. On causa des circonstances
de la route, du prix des marchandises et
principalement du sel. » Puis, sitôt qu'on
eût aperçu le visage et le costume étranger
de l'Arabe, on se demanda de toutes parts
« quel est cet homme »? Ibrahim de raconter l'histoire, et les questions de pleuvoir
sur le pauvre Abdallahi. A neuf heures,
souper de riz et de viande, dévoré aussitôt
par une vingtaine d'assistants.

La foule retirée, Abdallahi est appelé par
Ibrahim pour partager avec lui une bouillie
de mil, et goûter le lait de ses vaches ; puis
est pourvu pour sa nuit, d'une peau de
bœuf dans la case enfumée d'une des femmes de son hôte (1). La fumée dans toutes

---

(1) « Cette femme était couchée au milieu de la
case, entourée de quelques enfants. »

ces cases n'a d'autre issue que le toit recou-
vert en paille, et du feu y est allumé la
nuit, en tout temps ; un plafond de bam-
bous, soutenu sur des piquets plantés en
terre, sert à retenir la suie qui retombe
continuellement du toit.

Un séjour de deux ou trois semaines permet au voyageur de se reposer de ses premières fatigues, et de voir chez eux ces
noirs Mandingues qu'il a eu tout le temps
d'étudier en route.

Dès le lendemain, visite au père d'Ibrahim, chef du village. Vieux et aveugle,
couché dans sa case sur un banc de terre à
six pouces du sol, ce chef se lève sur son
séant à l'arrivée d'Abdallahi ; après la salutation musulmane, il lui promène la main
sur tout le corps en d'sant : Arabe, tu es
bon. — Visite à tous les amis d'Ibrahim :
excellent accueil de la part de tous. Trois
jours après l'arrivée, quelques coups de
fusil les appellent dans sa cour pour une
distribution de tabac qu'il voulait leur faire.
Il est à noter que les Mandingues en font

une grande consommation : les femmes
ont l'habitude de s'en frotter les dents.
Ibrahim distribue aussi quelques aunes de
cotonnade à chacune de ses trois femmes :
ces largesses lui attirent les bénédictions
des vieillards et les louanges des femmes
qui sautent autour de lui en chantant.

Pendant les vingt jours que M. Caillié
passe à Cambaya, il est logé chez le maître
d'école, le saint du village, vieux et pauvre,
mais nourri par les riches et servi par les
enfants. Quant à ceux-ci, ils apprennent à
lire dans l'Arabe du Coran. On n'exige des
filles que les premiers versets. Les garçons
sont obligés de l'apprendre tout entier par
cœur. — Toutes les nuits, vers trois heures
le matin, le vieux maître et Abdallahi
qui taient ensemble la case enfumée pour
aller à la mosquée rendre grâce au Seigneur. La prière faite, Abdallahi revenait
s'étendre à terre sur sa natte. Mais le
pieux vieillard continuait de prier. Quant
aux Mandingues dont il gourmandait en
vain la tiédeur, ils ne feisaient la prière

qu'à cinq ou six heures et dans leur case.

Le vieux maître d'école tomba malade, Abdallahi devint son médecin et moyennant cinq feuilles de tabac, obtint de l'avare Ibrahim une poule pour sa convalescence. La petite pharmacie du voyageur fut bientôt assaillie de tous côtés; « les uns avaient des ulcères aux bras et aux jambes ou la fièvre ou le mal de ventre. » Ils avaient vu le voyageur donner à Ibrahim quelques prises de *jalap*, tous ils voulaient du *jalap*. Du reste, mêmes importunités pour le tabac, la poudre, les ciseaux, les étoffes. Quant à Ibrahim, il voulait tout acheter.

Malgré les désagréments que ses refus lui attirent quelquefois, le voyageur était parvenu à dissiper tous les doutes, à force d'assiduité tant aux cinq prières, qu'à l'étude et à la récitation du Coran; à force d'empressement auprès des vieillards vénérés. Du reste sa peau était déjà tellement brunie par le soleil qu'on pouvait aisément le prendre pour un Maure. Un seul noir persistait à le traiter de Chrétien : M. Caillé le voyant passer le pria gravement d'écrire pour lui sur sa planchette un verset du Coran qu'il désirait apprendre. Cet homme devint dès-lors son meilleur ami ; il lui donna même quelques griffonnages arabes, précieux talisman qu'Abdallahi dut recevoir avec les marques de la plus vive reconnaissance. Les habitants de ces contrées (les Foulahs surtout qui sont d'une humeur plus belliqueuse que les Mandingues) ne vont pas en voyage ou à la guerre, sans avoir le corps couvert de ces écritures qu'ils regardent comme un bouclier magique.

Le 14 mai, Ibrahim mène Abdallahi aux champs où travaillent ses esclaves. Ils préparaient la terre pour la semence. Les hommes, tout nus sous un soleil brûlant, remuaient la terre à un pied de profondeur avec une pioche à manche court et très-incliné, fabriquée dans le pays et qui est là, comme dans presque tous les pays traversés par notre voyageur, le seul instrument aratoire. Les femmes, à moitié nues, leurs enfants attachés sur le dos, ramassaient des herbes sèches, et les mettaient en tas pour les brûler sur le sol, seul amendement que la terre reçoive en ces contrées. Une pauvre vieille était occupée à faire cuire leur dîner consistant en bouillie de mil sans sel et sans beurre, assaisonnée d'herbages. Le maître à qui la vieille en offrit, n'y voulut pas goûter. M. Caillié apprit que les esclaves ont deux jours de la semaine pour travailler au champ qui est aff été à leur subsistance.

Le 25, un tambour de guerre, fabriqué, à grand'peine les jours précédents par une vingtaine de Mandingues, avec un tronc d'arbre creusé par le feu et une peau de mouton tannée, rempli du reste d'écritures arabes, appelle la commune de Cambaya à un ouvrage qui l'intéresse tout entière; il s'agit de reconstruire un pont, de quarante pieds de long et six ou sept de large, sur le Tankisso, rivière dont les débordements fertilisent les plaines voisines. Tout le monde y met la main en chantant. Les femmes apportent le dîner de leur mari. C'est une partie de plaisir qui se renouvelle plusieurs jours de suite. Il s'agit tout simplement de gros piquets, plantés très-près l'un de l'autre au milieu du ruisseau ; puis de traverses supportées en partie par les branches d'arbres qui l'ombragent ; puis de troncs d'arbres posés en long sur ces traverses et ajustés par des branchages flexibles. Quelques bâtons de distance en distance servent de garde-fou.

Un évènement important coïncide avec le séjour de M. Caillié dans le village d'Ibrahim : un soir, après la prière, le vieux chef aveugle fait lire à haute voix par un marabout une lettre circulaire arrivée de la capitale (1), « lettre écrite des deux côtés sur un papier large de trois pouces et long de cinq. » Puis le courrier reprit sa dépêche et se remit en route. Il s'agissait de la

_____

(1) La ville de Timbo. M. Caillié ne paraît pas avoir aperçu autre chose sur les relations des villages Foulahs et Mandingues avec le gouvernement central.

déposition par les principaux marabouts du
marabout régnant, et de la nomination de
son successeur. Le vieux chef fit une prière
pour le nouveau souverain, puis on parla
politique.

M. Caillié affirme que chaque Mandingue est un chef révéré dans sa famille : sa
case, placée au milieu des cases de ses femmes, n'a d'autre ornement que ses armes,
arcs et flèche , lances ou fusil, accrochés
à la muraille; ni d'autre meuble que la
peau de bœuf sur laquelle il couche et les
jarres contenant la provision de grain de
l'année, que le mari distribue par portions
à chacune de ses femmes.

Pour les femmes, elles sont, dit-il, très-
gaies, nullement jalouses entre elles, très-
soumises à leur mari, qui les pourvoit de
riz et leur donne à chacune une vache à
traire matin et soir. Les parents sont très-
indulgents pour les enfants et les enfants
sont doux et dociles. L'autorité des vieillards, invoquée seule dans les différends,
fait loi.

Quant aux deux populations distinctes de Foulahs au teint marron et de Noirs mandingues, il ne paraît pas que leur réunion sous les mêmes réglements et dans les mêmes villages entraîne aucune discorde, malgré la différence de leurs langues, de leurs habitudes et même de leurs prétentions (1). Du reste, Mandingues ou Foulahs, il nous suffirait d'assister à leurs repas pour comprendre comment sont possibles, au bord du Tankisso, tant de choses qui ne le sont pas au bord de la Seine.

« Ils ont l'habitude d'inviter tous ceux avec qui ils se trouvent ou qui passent auprès d'eux, à partager le dîner que leurs femmes leur apportent. Si l'invité ne s'assied pas auprès de la calebasse, le chef lui donne une poignée de riz qu'il a tournée longtemps dans sa main, puis trempée dans la sauce : cette politesse ne peut se refuser

____

(1) Un bon vieux Foulah, nommé *Guibi*, voisin d'Ibrahim — qui fit cadeau à Abdallahi d'un gros pain de maïs, au miel et aux pistaches, pour sa route — lui disait souvent *que les Foulahs étaient les blancs d'Afrique.*

sans injure. Une autre politesse c'est, au commencement du repas, de tourner le riz avec la main pour le refroidir. Le chef verse lui-même la sauce sur le riz, mange la première poignée, puis engage les autres à l'imiter. Le repas commence toujours par l'invocation : Bismillah etc. (au nom de Dieu clément et miséricordieux). »

Mais il est temps qu'Abdallahi fasse ses présens d'adieu à Ibrahim qui lui a servi en toute occasion de truchement et d'avocat. Il lui fait un joli cadeau d'ambre, d'indienne, de poudre, de papier, de ciseaux et mouchoirs de soie. En sage Mandingue, Ibrahim prie Abdallahi de n'en parle. à personne. M. Caillié donne, en outre, quelques coups de poudre au bon vieux chef aveugle, dont il reçoit la bénédiction accompagnée de recommandations utiles, et fait un petit présent au bon vieux Foulah Guibi, en souvenir de son pain de maïs. Le 30 mai, nous nous remettons en marche. Le Foulah Guibi et le Mandingue Ibrahim reconduisent le voyageur jusqu'au nouveau pont, et le suivent longtemps des yeux, criant par trois fois à tue-tête *Samalécoum* (la paix soit avec toi); puis encore : *Allam kisselak* (Dieu te préserve en route).

Nous voici sur la route de Kaukan, ombragée d'arbres *à beurre*, avec une quinzaine de compagnons de voyage. Au noir Ibrahim a succédé le vieux noir *Lamfia*, comme lui accompagné d'une de ses femmes, qui porte la vaisselle et fait la cuisine de la petite caravane. Partout le vieux guide conte l'histoire d'Abdal'ahi. Abdallahi n'est plus un simple Arabe, c'est un homme de la plus haute noblesse musulmane, un descendant direct du Prophète, un *chérif*. Partout le guide sert au chérif d'interprète et de défenseur, avec l'autorité que lui donne son grand âge : autorité qui est souveraine en Afrique.

A une lieue de Cambaya, nous trouvons un village en noces : le chef à qui M. Caillié avait donné le matin de la crème de tartre, épousait, le soir, sa quatrième femme. Le voyageur voit disposer en plein air les

apprêts du souper : deux moutons bouillis
dans de grands pots de terre : et d'énormes
piles de riz cuit à l'eau et pétri en pain de
sucre.

. La fiancée, selon M. Caillié, s'achète là
moyennant un, deux, trois esclaves donnés
à sa mère : puis le mariage se consomme
sans aucune formalité religieuse, après une
fête de nuit dont le mari fait les frais. Toute
la nuit les nègres et négresses (esclaves)
dansèrent au son d'un petit tambour.

. Les orages qui n'avaient pas cessé pendant le séjour à Cambaya, continuent
toujours. Le voyageur, perpétuellement
mouillé, a bien de la peine à garantir ses
notes de la pluie dans le portefeuille de
cuir non tanné qui les enveloppe : obligé
souvent, à son grand regret, d'étaler ses
marchandises pour les faire sécher. Nous
traversons ainsi des plaines où le tambour
résonne dès le point du jour, et anime les
travailleurs. La curiosité que le chérif
excite est toujours la même. Son parapluie,
qui ne lui est pas toujours inutile contre la

pluie ou contre le soleil, commence à jouer un grand rôle. C'est à qui verra comment il s'ouvre et se ferme.

Le 6 juin, nous nous arrêtons au premier village du *Baleya*. Ce village, que le voyageur nomme Saraya, et auquel il donne de sept à huit cents habitants, est, comme la plupart des villages où nous aurons à passer, entouré de deux murs en terre entre lesquels les bestiaux passent la nuit. Les hameaux des esclaves sont seulement entourés de haies vives. Quant aux habitants, ce ne sont ni des Foulahs ni des Mandingues, mais des Noirs anciens possesseurs du pays et assez peu zélés musulmans, que l'on désigne sous le nom de *Dhialonkés*.

Une heureuse rencontre, dans le village suivant, c'est celle du fils du chef de *Kankan*, venu là pour vendre un cheval (c'est la première fois que M. Caillié parle de cheval depuis son départ); Abdallahi-le-Chérif achète aisément sa protection avec une feuille de papier. L'intérieur des cases,

construites en paille, est toujours le même,
tapissé d'arcs, de flèches et de lances. Celle
du chef a pour tout meuble une jarre à
mettre de l'eau, une peau de bœuf et quelques nattes. Les habitants, assemblés sous
un gros bombax (arbre *à soie*), dansent
tous les soirs, à la lumière de la lune, au
son d'un petit tambour et d'un flageolet de
bambou; ou bien la lance ou l'arc à la
main, figurent avec des gestes de menace,
de douleur, de triomphe, de sérieuses pan-
tomimes guerrières. Ces peuples, au dire
de M. Caillié, boivent *en secret* une espèce
de bière fabriquée avec du mil et du miel.
Leur corps est tout ruisselant de beurre
rance. La plupart des femmes ont pour tout
vêtement une *pagne* ou bande de toile de
cinq pieds de long sur deux de large qu'elles
se tournent autour des reins; elles ne
se couvrent les épaules et la poitrine les
jours de fête. M. Caillié nous les représente
le teint fort noir, les cheveux crépus, ornés
de grains de verre et beurrés, le nez légè-
rement aquilin, avec de grands yeux et des

lèvres minces ; « très-douces, et soumises à leurs maris. »

Le 11 juin, nous arrivons, dans le pays d'*Amana*, au bord d'une rivière de huit ou neuf cents pieds de large et de huit à neuf pieds de profondeur, qui coule vers le levant ; cette rivière c'est le *Dhioliba*, c'est le NIGER. Pour passer deux ou trois cents marchands noirs avec leurs ânes et leur bagage, il n'y avait en tout que quatre bateaux ou pirogues de vingt-cinq pieds de long, sur trois de large et un de profondeur. Il fallut une demi-journée pour que tout le monde fût sur la rive droite : demi-journée pendant laquelle le voyageur, assis au soleil sans abri (1), put contempler à l'aise le fleuve de Mungo-Parke. Vous supposerez sans peine qu'il suivait d'un œil de regret cette eau qui devait arriver avant lui près du but mystérieux de ses longs efforts. Ce passage du Dhioliba (13 juin) offre du reste le tableau le plus animé ; les mar-

(1) Un énorme bombax, seul arbre du rivage, ne pouvait suffire à abriter la foule.

chands noirs, de ceux que l'on nomme
Saracolets, disputent sur le prix du bac.
Tous veulent passer les premiers, et parlent
tous ensemble; ils ont du reste toutes les
peines du monde à faire embarquer leurs
ânes. Aux cris de la rive gauche, répondent
en signe de joie les coups de fusil ; la
rive droite. Pendant ce temps-là, grand
nombre de femmes et de jeunes filles se
baignent dans le fleuve, sans faire le moins
du monde attention aux gens qui les regardent; puis s'en retournent au village de
Couroussa, une calebasse sur la tête et une
pagne autour des reins. Le chef de village
dont les esclaves tiennent le bac de Couroussa, fit grâce du passage à M. Caillié en
faveur de sa qualité de Chérif.

KANKAN.

Après quatre jours de marche, le long du fleuve, sur des routes inondées et par un soleil brûlant : après quatre nuits de fièvre et d'insomnie sur des roches recouvertes de paille, le voyageur arrive épuisé à la ville chef-lieu de Kankan. Son vieux guide qui avait eu la complaisance de prendre et de fermer le parapluie à l'approche des lieux habités, voulut à toute force qu'il l'ouvrit pour faire son entrée dans sa ville natale. L'arrivée de Lumfia ressemble à celle d'Ibrahim. Toute la famille accourt saluer le chef. Le voyageur est retenu trois jours par la fatigue et par la fièvre, dans la case que lui donne son guide, en commun avec un Foulah de la caravane.

Le chef de la ville, vieillard mandingue, père du jeune cavalier rencontré en chemin par Abdallahi, reçoit très-bien le Chérif, se fait conter au long sa touchante histoire par le vieux Lamfia, et lui promet de le faire conduire à Jenné par la première occasion. Quelques formalités de police africaine, un interrogatoire public, une décision expresse du conseil des vieillards sur la route qu'il lui convient de prendre, donnent une sorte de légalité à son séjour parmi les Noirs de Kankan, lui servent de défense contre les doutes qui pourraient s'élever encore sur la vérité de ses récits, et lui fournissent un précédent dont il pourra se prévaloir, au besoin, dans les autres villes. Lamfia, vieux guide à qui le vieux chef et son conseil de vieillards remettent le voyageur, avait de lui tout le soin possible. « Nous mangions ensemble, dit M. Caillié, et deux fois par jour on nous donnait de très-bon riz, avec une sauce aux pistaches et aux ognons : tous les soirs, il faisait allumer du feu dans ma case. Le jour de mon arrivée, je lui fis cadeau d'une brasse de belle guinée bleue qu'il avait paru désirer, de trois brasses de belle indienne et de six feuilles de papier ; il parut très-content et me remercia beaucoup. Il passait une partie de la journée auprès de moi, occupé à coudre des étoffes du pays. »

Abdallahi tait vendre par le guide un baril de poudre et une pièce de guinée. « Je me défis de ces objets *à soixante pour cent de bénéfice*, parce que je ne voulais prendre pour paiement que de l'or, et que cet article était très-rare dans le pays à cause de la guerre entre Bouré et Kankan qui intercepte toutes les communications. Pour que la vente fût meilleure, le vieux Lamfia écrivit quelques mots arabes sur la planchette consacrée, lava l'écriture avec de l'eau et aspergea de cette eau les marchandises à vendre. »

Le marché de Kankan est fourni par les Noirs voyageurs de marchandises européennes, telles que fusils, poudre, pierres à feu, indienne de couleur, ambre, corail,

verroteries, menue quincaillerie, — puis
aussi de toiles blanches tissées dans les environs, de poteries en terre grise fabriquées
dans le pays ; de volaille, moutons, chèvres,
bœufs ; riz, foigné, ignames, cassave, etc.
Le sel est (après l'or, sans doute) le premier
article d'échange. Quant à l'or (tiré par le
lavage, des sables des environs, notamment
autour de *Bouré*), il est mis en circulation
sous forme de boucles d'oreilles ou bien en
petits grains qui tiennent dans un tuyau
de plume, et se pèse dans de petites balan-
ces très-justes, avec des graines noires sur
le poids desquelles les marchands de ce
pays ne se trompent jamais.

Le 5 juillet, grande fête musulmane du
Salam. Des vieillards en manteau rouge
bordé de jaune, à la main droite une lance,
sur la tête un bonnet rouge et chantant tous
la il allah, Dieu est Dieu, etc., attirent la
foule des Noirs dans une grande plaine à
l'est de la ville. L'assemblée en costume
mandingue (large culotte, blouse sans
manche et bonnet pointu) est bigarrée par

quelques habits rouges de soldats anglais,
de vieux manteaux et de vieux chapeaux
européens, autres défroques dépareillées :
au reste, tous les hommes étaient armés de
fusils, de lances, d'arcs et de flèches : au
moment de la prière, chacun mit ses armes
à terre. A chaque instant arrivaient des
vieillards à manteau rouge, suivis d'une
foule de Noirs. Peu après, parut le chef, à
cheval, précédé d'un drapeau de taffetas
rose, escorté de deux ou trois cents Mandingues, rangés en haie et tous armés de
fusils. Le *chef de la religion* venait ensuite
avec une nombreuse garde et précédé d'un
drapeau de taffetas blanc, avec un morceau
rose, en cœur, au milieu. Cet homme avait
sur les épaules un manteau de belle écarlate, garnis de frange et de galons en or :
cadeau du major Peddic qui, lors de son
départ pour l'intérieur de l'Afrique, en-
voyait de tous côtés des présents aux chefs
pour se les rendre favorables. Les vieillards
à manteaux rouges avaient pris modèle sur
celui de leur prince en Mahomet. Deux

gros tambours pareils à celui de Cambaya
conduisaient la fête. « *L'Almany* fit la
prière avec beaucoup de piété ; il paraissait
très-recueilli. C'était un spectacle frappant
de voir une aussi grande assemblée se *prosterner* pour adorer Dieu. Après la prière,
les vieillards formèrent un dais avec des
pagnes blanches. L'Almany se plaça sur un
petit siège que l'on avait apporté exprès ;
il fit une longue lecture en Arabe, que
bien certainement personne ne comprenait.

« Cette lecture finie, le vieux chef de la
ville ayant à côté de lui un homme qui
répétait à haute voix ce qu'il disait, appela
l'attention de ses concitoyens sur les chan-
gements de direction que la guerre de
Bouré devait apporter dans leur commerce...
Les femmes assistèrent à la fête, se tenant à
une distance respectueuse des hommes.
Après la cérémonie, on immola l'agneau
pascal pour se régaler le reste du jour. »

Le voyageur qui s'était déjà aperçu qu'on
avait touché à son papier, reconnut le lendemain de la fête que ses plus belles verro-

teries et un rasoir avaient disparu de son
bagage. Le voleur était le vieillard même
qui l'avait si bien soigné et protégé jusque-
là. Cette affaire fit du bruit : Lamfia proposa l'épreuve du fer rouge sur la langue;
le chef et le conseil des vieillards lui impo-
sèrent silence, mais déclarèrent en même
temps qu'il n'y avait pas lieu à le punir,
faute de preuve directe contre lui. Abdallahi avait transporté ses effets chez un bon
vieil Arabe établi dans le pays; mais le
conseil des vieillards prenant en considération l'extrême pauvreté de cet homme hos-
pitalier, donnèrent pour hôte au Chérif un
Foulah très-riche et très-dévot (1). Ses
effets visités, ses étoffes mesurées furent mis
prudemment dans un magasin fermant à clef.

(1) Cet homme, riche en troupeaux de bœufs à
bosse et de vaches, possédait le plus beau cheval
que M. Caillié ait vu dans cette partie de l'Afrique :
il l'avait eu moyennant *cinq Noirs* et *deux bœufs*.
Le prix courant d'un esclave à Kankan est d'un
baril de poudre de vingt-cinq livres, un mauvais
fusil et deux brasses de soie rose. Un Mandingue
qui possède une dizaine d'esclaves n'a plus besoin
de voyager.

Comme on pouvait s'y attendre, Lamfia ne tarda pas à démentir tout ce qu'il avait affirmé ; et bien que la colère du vieillard inspirât d'abord peu de confiance, ces dénégations ne pouvaient manquer d'agir peu-à-peu. La place n'était pas tenable pour Abdallahi, malgré son assiduité aux dévotions prescrites. Toutefois, bien nourri, passablement logé, il dut, malgré ces désagréments, trouver ses derniers huit jours supportables : il avait le plaisir de partager tous les soirs avec le pauvre vieil Arabe *Mohamed*, le souper du riche Foulah.

Le 16 juillet, après un mois de repos, le voyageur laisse à son hôte le petit pot de ferblanc dans lequel il buvait, et reçoit sa bénédiction. Le bon vieil Arabe reconduit Abdallahi au-delà de la petite rivière qui coule à l'est de la ville, et avant de se quitter pour ne se plus revoir ; le jeune homme et le vieillard cassent en deux une *noix de colats* qu'ils mangent ensemble.

La petite caravane, composée d'une quinzaine de Mandingues ou de Foulahs, profite de l'obscurité pour traverser des bois infestés de brigands. « Marchant très-vite et dans le plus grand silence, dans des herbes si hautes qu'elles dépassaient nos têtes, nous fûmes surpris par la pluie ; pour comble de malheur, la nuit devint très-obscure, nous avancions sans savoir où poser le pied. Vers huit heures, ayant perdu la trace de la route, nous fûmes obligés de nous arrêter, et, assis à terre, de recevoir la pluie sur le dos sans oser ni tousser ni cracher.

« Lorsque la pluie eut cessé, un de nos compagnons déchira un morceau de sa pagne, la mit en charpie, y mêla un peu de poudre, puis plaçant cette préparation dans le bassinet de son fusil, il obtint du feu. Quelques branches d'arbre coupées nous firent une cabute. Mais les essaims de moustiques ne nous laissèrent pas de repos. Deux de nos compagnons armés de poignards et de lances allèrent à la recherche de l'eau. Le feu allumé non sans peine, nous fîmes griller quatre ignames et quelques pistaches pour notre souper ; puis nous nous étendîmes auprès du feu sur des feuilles d'arbre toutes mouillées. » Le voyageur a tout le temps de réfléchir aux difficultés que la saison des pluies lui prépare, dans le silence de cette longue nuit; silence qu'interrompent seuls le chant de quelques oiseaux nocturnes et le coassement des grenouilles.

Le voyageur marche plusieurs lieues de suite avec de l'eau à mi-jambe sur des routes inondées, et compte huit petites rivières passées à gué en un seul jour. La pluie l'empêche de mettre ses sandales; il a bientôt le talon du pied gauche écorché. Il arrive ainsi le soir au premier village du Ouassoulo.

Les habitants (Foulahs au teint marron-clair, mais étrangers aux croyances et aux pratiques musulmanes) sont d'une grande malpropreté, d'une extrême douceur et d'une gaîté perpétuelle. La musique qui anime leurs danses, la moitié de la nuit, se compose de cornes droites de bois creux recouvertes, à l'extrémité la plus large,

d'une peau de mouton, et percées d'un petit
trou sur le côté; d'une grosse caisse, d'un
tambour de basque et d'un cliquetis d'anneaux de fer : les musiciens se di-tinguent
par leurs panaches de plumes d'autruche et
leurs franges de plumes de pintade. Quelques-uns agitent de gros haricots dans une
sorte de casserole de bois, recouverte d'un
filet. Les musiciens se promènent à la file :
les femmes et les garçons suivent en dan-
sant et frappant dans leurs mains.

Ce qui frappe le plus le voyageur dans
les fertiles plaines du Ouassoulo, c'est le
travail des champs, accompli par des mains
libres. « Je voyais, dit-il, beaucoup d'ou-
vriers répandus d ns la campagne qui pio-
chaient la terre et la remuaient aussi bien
que nos vignerons en France; ce ne sont
plus les esclaves des Mandingues qui se
contentent d'effleurer le sol pour détruire
les mauvaises herbes, mais de vrais labou-
reurs qui se donnent de la peine pour avoir
une belle et abondante récolte. Ils en sont
bien récompensés, car leur riz et tout ce

qu'ils cultivent, croît plus vite et produit davantage...

« Je les ai vus labourer le champ qui venait d'être récolté pour l'ensemencer de nouveau. Les femmes étaient occupées à sarcler les beaux champs de riz dont la campagne est couverte... Je fus étonné de trouver dans l'intérieur de l'Afrique, l'agriculture à un tel degré d'avancement : leurs champs sont aussi bien soignés que les nôtres, soit en sillons, soit à plat, selon que la position du sol le permet par rapport à l'inondation.

« Je remarquai du riz en épi, à côté de celui qui ne faisait que sortir de terre. La campagne est généralement très-découverte ; les cultivateurs ne réservent parmi les grands végétaux que l'arbre à beurre et le nédé qui sont très-répandus et de la plus grande utilité. Je n'ai pas vu comme dans le Fouta et le Baleya des arbres coupés à quatre ou cinq pieds de terre. Les Foulahs du Ouassoulo ont soin d'arracher le pied et ne laissent rien en terre qui puisse leur nuire. »

Ces Foulahs font peu de commerce ; et pour eux, infidèles, voyager à travers les villages musulmans, ce serait s'exposer infailliblement à y être retenus comme esclaves.

« J'ai cherché, dit M. Caillié, à découvrir s'ils ont une religion, s'ils adorent ou les fétiches, ou la lune, ou le soleil, ou les étoiles ; je ne les ai vus pratiquer aucun culte et je crois qu'ils vivent insouciants à ce sujet et ne s'occupent que très-peu de la divinité. »

Autant les Musulmans de Kankan sont propres, autant les Foulahs du Ouassoulo, si industrieux ! sont sales et dégoûtants. Leurs habits jaunes ou noirs ne sont jamais lavés. Le nez plein de tabac, la peau infectée de beurre rance, la figure tailladée et les dents limées, ils sont tous robustes et bien portants ; leur culture et leurs bestiaux fournissent abondamment à leur subsistance : la nourriture des esclaves des Mandingues leur suffit : la viande est, chez eux, réservée pour les jours de fête et le sel est de luxe. Les femmes fabriquent elles-mêmes leur vaisselle de terre, filent et tissent le coton. Elles mettent un genou en terre lorsqu'elles présentent quelque chose à leur mari. Les hommes portent comme les femmes des bracelets aux mains et aux pieds, des colliers de verre et des boucles d'oreille, tressent comme elles leurs cheveux enduits de beurre. Ce sont eux qui élèvent la volaille et donnent les premiers soins aux poulets. Des chiens gardent les habitations séparées de chaque famille.

Le 21 juillet, à deux heures de l'après-midi, Abdallahi rend visite au chef du Ouassoulo qu'il trouve couché dans sa case auprès de son chien (d'une espèce à oreilles longues, museau pointu, poil rouge). Ce chef, chez lequel M. Caillié remarque une théière en étain, un plat et plusieurs bols de cuivre qui lui paraissent d'origine portugaise, avait une très-grande boucle d'oreille en or à l'oreille gauche et point à la droite. Il use de tabac en poudre et à fumer comme ses sujets et est aussi malpropre qu'eux. Sa case est tapissée d'arcs, de flèches, de carquois, de lances, de deux selles pour ses chevaux et d'un grand chapeau de paille. Le même jour, il reçoit le voyageur dans son écurie, assis sur une peau de bœuf auprès d'un beau cheval. « Il nous fit asseoir à côté de lui et me donna quelques noix de colat. Il distribua devant nous à quelques-unes de ses femmes des iguames que l'on venait de récolter. » Ce chef qui n'est pas plus que ses sujets astreint aux restrictions du Coran, a beaucoup de femmes : chacune d'elles a sa case particulière, ce qui forme un petit village. — Ses sujets lui font souvent des *cadeaux* en bestiaux.

Nulle part, le voyageur ne reçoit plus de compliments et un plus cordial accueil (1). « C'est un blanc, disent-ils en ouvrant de grands yeux, ah ! comme il est bien ! » La longueur de son nez étonne presque autant

_____

(1) Un chef de famille va même jusqu'à lui donner un mouton.

qu'elle réjouit. Tous les soirs, M. Caillié les
voit allumer des poignées de paille, et contempler le blanc, demandant au guide si
cette blancheur de peau est bien naturelle.
Le parapluie du voyageur excite presque
autant leur curiosité que sa personne. Ils
ne peuvent concevoir comment on peut à
volonté ouvrir et fermer cette machine :
ceux qui l'ont vue courent avertir leurs voisins, et la·case où loge le voyageur ne
désemplit pas.

J'omets, comme vous pensez, les nombreuses rivières que nous avons à passer,
le plus souvent à gué, quelquefois sur des
ponts à moitié démolis; quelquefois aussi
dans des bateaux formés tout simplement
de troncs d'arbre assemblés côte à côte avec
des lianes; à l'un de ces passages dans un
bateau de ce genre qui faisait eau comme
un panier, le guide d'Abdallahi, noir Mandingue d'une douceur et d'une piété bien
rare entre ses pareils, *Arafanba*, chantait à
haute voix les prières du Coran.

Le 27 juillet, nous arrivons à *Sambatikita,*

village de noirs musulmans isolé au milieu
de villages de noirs *Bambaras*, qui parlent
Mandingue comme les Ouassoulos, et sont
comme eux non pas sans superstition, mais
sans culte : du reste, aussi sales. Le vieux
chef musulman, habillé en Arabe, la tête
couverte d'un turban à raies rouges et
blanches, reçoit Abdallahi, couché dans sa
cour, sous un petit hangar. « Il se mit sur
son séant, dit M. Caillié, et me tendit la
main avec les salutations d'usage. Après
m'avoir touché, il se porta la main sur la
poitrine et sur la figure, car il est très-reli-
gieux et plein de confiance dans la sainteté
des Arabes. »

Mais la table de ce fervent islamiste était
très-mal servie. Il avait interdit le marché
sous prétexte qu'il dérangeait la prière. Ses
fils s'informaient bien si le voyageur avait
de l'eau chaude pour les ablutions, mais
non s'il avait de quoi manger.

La famine menaçait ce malheureux pays;
on ne faisait plus qu'un repas par jour. Les
noirs mandingues de Sambatikila, sous

prétexte d'étudier le Coran, aiment mieux se passer de déjeuner que de travailler de leurs mains à la terre.

Malgré ce jeûne forcé, dont le voyageur eut en passant sa bonne part, ils étaient tous joyeux et ne manquaient jamais d'aller, tous les matins, chanter les louanges de Dieu et du Prophète. Le vieux chef lui-même avait bien soin de chanter de temps en temps.

Le prix courant d'un esclave est là de trente briques de sel (de dix pouces de long, trois de large et deux d'épaisseur) ; ou bien d'un baril de poudre, avec huit masses de verroterie marron-clair ; ou bien encore d'un fusil avec deux brasses de taffetas rose.

Chassé par la famine, M. Caillié se remet en route le 2 août, avec une plaie au pied gauche. Le vieux chef lui recommande instamment de ne pas l'oublier auprès des vénérables chéiks de la Mecque, et tire d'un vieux chiffon un petit bracelet d'argent qu'Abdallahi lui paie avec un morceau d'indienne de couleur, du papier et quelques grains de verre.

Un Foulah et trois Mandingues reconduisent le voyageur à demi-lieue de là : entre autres le bon et pieux Mandingue Arafanba, que nous laissons à Sambatikila.

Le 3 août, après un jour et demi de marche, par la pluie, au milieu de grandes herbes et de buissons ou bien dans les bourbiers de villages idolâtres, le voyageur arrive avec la fièvre et le frisson à un autre petit village de noirs musulmans, ombragé de bombax et de baobabs : à *Timé*. Une bonne vieille négresse lui offre l'hospitalité : Abdallahi s'endort à terre, sur une natte, auprès du feu.

TIMÉ.

Les pluies qui continuent d'inonder le pays, la plaie de son pied, la crainte d'être obligé de rester en route en quelqu'un des villages idolâtres qui restent à traverser, font prendre au voyageur la résolution de passer le mois d'août à Timé, *sous la protection de Mahomet* et d'un vieux chef vénérable. Du reste, un marché, tenu une fois la semaine et approvisionné de tout, hors de sel, le rassurait ici sur la subsistance. La bonne négresse lui apportait elle-même deux fois par jour, une petite portion de riz et de mil bouilli.

Toutefois, le voyageur, habitué à des maisons pourvues de cheminée et de fenêtres, n'est pas très à son aise dans sa case de terre, à travers laquelle filtre la pluie

fine et froide qui tombe sans interruption,
enfermé qu'il est dans un bain de vapeur
et de fumée. Les Maudingues passaient le
temps à coudre leurs habits, et les femmes,
sur qui tombe toute la peine, vaquaient au
dehors à la provision d'eau et de bois, pieds
nus dans la boue des chemins.

La plaie du voyageur ne guérissait pas.
Une seconde plaie se déclara à la fin d'août:
le mois de septembre amenait chaque jour
un orage et des torrents de pluie. — A
mesure que les pluies cessent, en octobre,
les chaleurs augmentent. La plaie du
voyageur allait mieux : ses hôtes, après lui
avoir prodigué tous les soins (payés du
reste en étoffes, ciseaux, tabac, sel, etc.),
après avoir épuisé à son service toutes
leurs connaissances médicales et tous leurs
secrets religieux, tels, par exemple, que la
tisanne toute puissante obtenue par le lavage
d'un griffonnage arabe ; ses hôtes, de plus
en plus exigeants et maussades, pressaient
assez clairement son départ. Les importunités des femmes ne lui laissaient pas de

repos. Enhardies peu-à-peu, elles assail-
laient en foule sa case pour avoir des grains
de verre, contrefaisaient ses gestes, ses
paroles, sa maladresse à manger la bouillie
sans cuillère; riant aux éclats non-seule-
ment de la longueur de son nez, mais
même des cataplasmes qui recouvraient sa
jambe et de la difficulté de sa marche (1).

Mais un plus grand malheur le menaçait :
laissons parler M. Caillié lui-même. « Vers
le 10 novembre, après plus de trois mois de
séjour, la plaie de mon pied était presque
fermée; j'avais l'espoir de profiter de la
première occasion et de me mettre enfin en
route pour Jenné, mais hélas! à cette même
époque de violentes douleurs dans la mâ-
choire m'apprirent que j'étais atteint du

(1) « Je demandais à Baba (l'un des fils de la
bonne vieille hôtesse), pourquoi il ne plaisantait
jamais avec ses femmes; « c'est, répondit-il, que
je n'en pourrais plus rien faire : elles se moque-
raient de moi quand je leur *commanderais* quelque
chose. » Les hommes en effet ne leur parlent qu'en
maîtres, et répondent par des coups de fouet à
leurs criailleries. Elles n'oseraient lever la main
pour se défendre.

ecorbut, affreuse maladie que j'éprouvai dans toute son horreur. Mon palais fut entièrement dépouillé, une partie des os se détachèrent; mes dents semblaient ne plus tenir dans leurs alvéoles. Je craignais que mon cerveau ne fût attaqué par la force des douleurs que je ressentais dans le crâne. Je fus plus de quinze jours sans trouver un quart d'heure de sommeil. Pour comble de douleur, la plaie de mon pied se rouvrit et je voyais s'évanouir tout espoir de partir. Que l'on s'imagine ma situation! seul dans l'intérieur d'un pays sauvage, couché sur la terre humide, sans autre oreiller que le sac de cuir qui contenait mon bagage, sans autre garde ni médecin que la bonne vieille négresse qui, deux fois par jour, m'apportait un peu d'eau de riz; je devins un véritable squelette et finis par inspirer de la pitié aux rieuses elles-mêmes..... Au bout de six semaines, je commençai à me trouver mieux. »

Son hôte qui l'avait négligé, lui amène, par un retour de pitié, une vieille femme

qui le traite à la manière du pays et le gué-
rit. Vers le milieu de décembre, il put aller
avec un bâton, se ranimer au soleil, au
rendez-vous des vieillards.

Enfin, après bien des obstacles trop longs
à redire, le départ avec l'un des fils de la
bonne vieille est fixé à la première quinzaine de janvier. La veille du départ est
marquée par une bruyante solennité : un
jeune noir célébrait les funérailles de sa
mère. La *fête*, animée par un grand luxe
de musique, par des danses procession-
nelles, des psalmodies lugubres, par une
pantomime guerrière et force coups de
fusil, se termine par un copieux repas suivi
de danses.

Le 9 janvier 1828, après les petits cadeaux
d'usage, le voyageur encore faible, se remet
en route, au bruit des sonnettes que portent à la ceinture les Mandingues avec
lesquels il part. Les arbres avaient en partie
perdu leurs feuilles et les herbes avaient
été arrachées pour le chauffage.

Une trentaine de négresses ouvrent la

marche, la tête chargée de noix de colats;
suivent à la file, quarante à cinquante noirs
également chargés ; le cortége est fermé
par une quinzaine d'ânes que conduisent
huit chefs. Aux haltes, les femmes broient
le mil et font chauffer l'eau pour le bain
habituel des hommes. Les noirs esclaves
sont chargés de l'approvisionnement de
bois : quant aux noirs libres, ils se couchent en attendant le souper ou bien échan-
gent quelques *noix de colats* contre la
monnaie du pays (1) qu'ils amassent pour
l'achat du mil, et qui leur sert aussi pour
payer les *droits de passe*. Leur grande
affaire après le repos, c'est de visiter leur
charge de noix de colats et d'y mettre des
feuilles fraîches.

De janvier en mars, pendant deux mois
de marche *vers le nord*, interrompue par un
seul jour de repos, le voyageur traverse à
peine quelques villages de noirs musul-

(1) Cette monnaie est une petite coquille de celles
que nos classifications appellent des *porcelaines*,
et que les Africains nomment des *Cauris*.

mans ; partout il rencontre des *Foulahs
Bambaras*, simples et inoffensifs, presque
nus, parés de coquillages, insouciants de
l'avenir, toujours en fêtes, souvent enivrés
sans scrupule de mil fermenté, passant la
moitié des nuits à danser, hommes et femmes, en rond, autour d'un grand feu : —
pleins de respect du reste pour les pratiques
musulmanes et de foi à la touté puissance
de l'écriture arabe. A cela près, ils paraissent très-indifférents aux questions théolo-
giques, et ne s'occupent nullement de création ou de vie à venir ; pour eux, point
d'animaux *impurs* : des pétites pattes de
souris dans leurs sauces apprennent au
voyageur que ces peuples trouvent tout
simple de manger les ennemis de leur mil,
pris au piége dans leurs jarres de terre ; ils
engraissent aussi par troupeaux des chiens
pour la table.

Leur insouciance des choses de l'autre
monde s'étend à celles de celui-ci ; ils sont
très-malpropres, logent dans des cahutes de
terre que chauffe comme un four le feu

qu'ils y entretiennent en tout temps, et
d'où la fumée (qui n'a plus même un toit de
paille pour issue) chasse perpétuellement
le voyageur, réduit à coucher à la belle
étoile.

Du reste, les marchés, sur le chemin,
sont assez bien pourvus des choses nécessaires. Dès le 16 janvier, les petites coquilles deviennent indispensables. Elles représentent à-peu-près partout un demi-centime.
Une belle poule coûte quatre-vingts de ces
coquilles (1).

Les provisions de grains et de racines,
principalement de riz et d'ignames, exposées
partout en plein air dans de petits magasins
en paille, sans autre défense que quelques
chiffons d'écriture arabe, attestent assez
et l'abondance des vivres, conséquence
du sol, et la confiance réciproque des
musulmans et des infidèles. Toutefois, il

(1) Ces peuples ne comptent pas comme nous
par *centaines*, mais par *quatre-vingtaines*. Le nombre *cent* se dit chez eux : *une quatre-vingtaine-et-
vingt.*

ne faudrait pas exposer de même des verroteries, des ciseaux, etc. Le voyageur qui,
lui aussi, étale au marché sa petite boutique a bien soin de ne pas leur montrer beaucoup d'étoffe ou de verroterie à la fois.

Une particularité bien sensible après le
brutal asservissement des femmes à Timé,
c'est que, dans les villages Bambaras, les
femmes viennent s'asseoir à côté des hommes et, tout en filant le coton, prennent part
à la conversation (1).

A part l'autorité universelle des vieillards,
le seul magistrat, aperçu par le voyageur,
c'est un homme enfermé dans une sorte de
sac noir à coulisse, les mains et les pieds

(1) Une autre particularité qui distingue cette
région, c'est la mode que suivent la plupart des
femmes d'avoir un morceau de bois (de la largeur
d'une pièce de un franc et très-mince), incrusté
dans la chair, au-dessous de la lèvre inférieure.
Les petites filles en ont un de la grosseur d'un
pois qu'elles changent successivement pour un
morceau plus grand.

Ailleurs, le morceau de bois est remplacé par
une pointe d'étain de deux pouces de long et de
la grosseur d'un tuyau de plume, retenu dans la
bouche par une petite plaque du même métal.

nus, la tête ornée de plumes d'autruche blanches, avec quatre ouvertures garnies d'écarlate pour les yeux, le nez et la bouche. Cet homme assis, un fouet à la main, à l'entrée des villages, auprès d'un tas de petites coquilles, recevait les droits de passe. Le fouet de cet étrange douanier était aussi chargé de la police des rues.

Le 19 janvier (à *Tongrera*, l'un des principaux villages musulmans), le voyageur perd l'espoir d'aller à Jenné. La caravane se dirige d'un autre côté. Mais quatre jours après, il a la joie de lui voir reprendre sa première direction. A Tangrera, M. Caillié voit piler du tabac par des noirs esclaves, non plus vert comme dans les villages précédents, mais de couleur marron-clair et d'une très-bonne odeur.

La caravane, grossie en route, n'était pas alors de moins de cinq cents noirs ou négresses et de quatre-vingts ânes ; comme toutes les contrées traversées jusqu'ici par M. Caillié, cette partie de l'Afrique abonde en arbres à beurre et en nédés ; en avançant vers le nord, le baobab devient moins commun et l'arbre à soie le surpasse en grosseur. Les *ronniers* atteignent en plusieurs endroits une hauteur prodigieuse.

A l'approche du royaume de Jenné, la caravane, intimidée par des bruits de guerre, prend une attitude de défense. Les hommes aux charges de colats, tous armés d'arcs et de flèches, se placent à l'avant-garde; les vieillards et les ânes restent en arrière, les femmes au centre.

Enfin, nous entrons, le 21 février, sur le territoire du dévot et belliqueux roi de Jenné, qui, laissant aux esclaves la culture de la terre et les ouvrages manuels, et le commerce aux Arabes et aux noirs, s'occupe exclusivement, lui et les siens (Fou-lahs graves et fiers), de l'étude du Coran, et ne travaille qu'à la propagation de la foi musulmane, à l'agrandissement du patri-moine du Prophète : imposant à tous ses voisins des tributs ou des mosquées.

Abdallahi reçoit partout la bénédiction de ces propagateurs de l'islamisme. En les

quittant, il leur soufle sur la main, et, eux,
s'empressent de la reporter à leur visage
en remerciant Dieu. Au reste, plus de musique ni de danses : plus d'autre chant que
les lentes et lugubres psalmodies du Coran.
Aux cahutes rondes de terre ou de paille
succèdent des constructions carrées en briques jaunes, séchées au soleil. La cherté
croissante des vivres annonce le voisinage
d'une grande ville ; l'abondance du poisson
frais, annonce celui d'une grande rivière.
Jusqu'ici M. Caillié n'avait pas encore rencontré un seul mendiant.

Le seul fait qui fasse évènement dans les
souvenirs de la route, c'est une querelle
du vieux Kaimou, chef ou doyen d'âge de
la caravane, avec sa femme. Le mari en
vint aux coups, et, chose inouïe dans ces
contrées, la femme se permit de résister à
son seigneur et maître. Toutefois au bout
de trois ou quatre jours, les époux cassèrent
une noix de colats qu'ils mangèrent
ensemble.

Le 10 mars, nous nous retrouvons de

nouveau en face des eaux blanchâtres du
Dhioliba, ou du moins d'une branche de ce
fleuve, qui ne paraît guère avoir, là, que
cinq cents pieds de large, et coule lentement au nord-est. Il faut traverser deux
autres branches (dont une à gué) pour
arriver à la ville de Jenné, qui forme une
île enclavée dans une île beaucoup plus
grande. M. Caillié arrive à Jenné (1), le
11 mars, dans l'après-midi.

JENNÉ,

« Il y avait plusieurs noirs sur le rivage ;
mon guide s'adressa à l'un d'eux pour lui
demander un logement : c'était un Mandingue d'assez bonne mine ; il nous conduisit
dans sa maison. » Le vieux Kaimou et sa

(1) *Jenné* ou *Djenné,* ou *Dhienné.*

suite s'installent aussitôt dans les magasins
du rez-de-chaussée : Abdallahi, en qualité
d'Arabe, est logé dans une chambre haute.

Le vieux guide, en conduisant le voyageur à cette chambre qui n'a qu'une natte
pour tout meuble, le félicite de l'heureuse
issue de son voyage, et lui rappelle ses services. Abdallahi reconnaissant le comble
de joie avec une paire de ciseaux, deux
aunes d'indienne de couleur, trois feuilles
de papier et trente grains de verroterie
rouge : valeur de cinq francs en France;
joignez à ces largesses quelques petits cadeaux d'étoffe pendant la route, et vous
rappelant que le guide avait défrayé le
voyageur d'une partie de sa nourriture
durant six semaines, convenez qu'il est
difficile de voyager à meilleur compte.

Le lendemain, présentation d'Abdallahi à
quelques riches Arabes du lieu, qui le conduisent avec son vieux guide et son hôte
chez un Chérif. Là, récit circonstancié du
voyage et de ses motifs; questions sans fin
sur les chrétiens, sur leurs usages et surtout sur leurs méfaits.

L'interrogatoire terminé, le Chérif dit à
l'hôte d'Abdallahi de le conduire chez le
chef de la ville : ce chef, Foulah de la
famille royale, très-âgé, très-gros et presque
aveugle, caché d'abord derrière une porte,
qui s'ouvre à l'arrivée d'un Arabe, se fait
raconter l'histoire d'Abdallahi, et décide
qu'il restera chez le Chérif jusqu'à ce
qu'une occasion se présente pour aller à
Tombouctou.

Le pélerin arabe, qui s'est dit de riche
famille, a presque aussitôt deux hôtes : le
Chérif qui lui envoie régulièrement deux
bons repas ; et certain autre Arabe qui lui
donne un petit corridor et une natte dans
une maison qui servait à la fois de logement aux esclaves et de magasin aux marchandises. Dès le second jour, un adroit
barbier lui rasa religieusement la tête.
Voici, du reste, un échantillon de la sensua-
lité Jennéenne.

« Le 16 mars, vers quatre heures, on me
fit appeler chez le Chérif ; la vente de mes
marchandises (vente de corail, d'ambre, de

verroterie, d'étoffe (1), dans laquelle les
deux hôtes d'Abdallahi se départirent un
peu de leur délicatesse habituelle) l'avait
très-bien disposé en ma faveur. J'entrai
dans une grande chambre assez propre,
éclairée par une ouverture à la voûte : une
lampe où l'on brûle du beurre végétal était
accrochée par une corde au plafond. Un
matelas, tendu par terre sur une natte, un
chandelier en cuivre de fabrication européenne, avec une bougie du pays et une
petite armoire creusée dans le mur et fermant avec une serrure comme les nôtres,
composaient tout l'ameublement. Quelques
sacs de grain étaient debout dans un coin
de la pièce. Je montai par un grand escalier sur la terrasse où je vis plusieurs petites galeries à compartiments, sans meuble.
On me fit asseoir auprès d'une natte, sur
un petit coussin rond en cuir. Je me trou-

(1) « Le produit de cette vente était évalué à trente
mille cauris. Le chârif acheta pour moi de l'étoffe
du pays pour cette valeur : il me dit qu'elle se
vendait très-bien à Tombouctou. »

vai en compagnie de sept Arabes et d'un noir, marchands de Jenné.

« Le Chérif fit apporter, au milieu de nous, une petite table ronde, ornée symétriquement de plaques d'ivoire et de cuivre, et que je pris d'abord pour une table de jeu, quand un grand plat d'étain, couvert d'un énorme morceau de mouton aux ognons, m'apprit le motif de ce rendez-vous. Le Chérif tira d'un panier couvert de petits pains d'une demi-livre, faits avec de la farine de froment et du levain, qu'il distribua par morceaux, et que je trouvai délicieux. Nous mîmes tous les doigts au plat, mais avec une sorte de politesse. La conversation fut assez gaie, les pauvres chrétiens en firent tous les frais.

« Après le repas, vint le thé. Le Chérif étala ce qu'il avait de plus beau, et ne manqua pas de faire voir au noir sa supériorité Nous étions servis par une jeune et jolie négresse esclave. On apporta dans une boîte un petit service en porcelaine que le Chérif posa sur un plateau en cuivre. Les tasses, très-petites, nous furent données dans des soucoupes à pied, de la forme d'un coque-tier. Nous prîmes chacun quatre de ces tasses de thé avec du sucre blanc et après le dîner, dont le Chérif avait très-bien fait les honneurs, nous allâmes faire un tour de promenade au bord de la rivière. Nous nous assîmes sur le rivage pour voir passer les pirogues; puis nous fîmes la prière tous ensemble, car il était trop tard pour aller à la mosquée.

« Le 18, on salua la nouvelle lune par une décharge de mousqueterie, et le 19 commença le jeûne du Ramadan, » jeûne apparent qui ne ressemble en rien à l'impitoyable austérité des bords du Sénégal : simple interversion d'habitudes qui consiste à faire de bons repas la nuit et à dormir le jour.

La ville de Jenné est entourée d'un mur d'enceinte, qui, selon M. Caillié, peut avoir trois kilomètres de tour environ, et enferme une population de huit à dix mille âmes. Bâtie sur un terrain d'alluvion, de nature

argileuse et rougeâtre, elle est préservée
des inondations périodiques du fleuve par
son élévation de sept à huit pieds au-dessus
des eaux. Les maisons aussi grandes que
celles des villages de France, sont construites en briques rondes, séchées au soleil ;
les plus hautes n'ont qu'un étage ; elles
sont toutes à terrasse, et ne reçoivent de
jour que sur les cours. Leur unique entrée
est pourvue d'une porte en planches qui
paraissent avoir été faites à la scie : cette
porte est fermée, en dedans, avec une dou-
ble chaîne de fer et en dehors avec une
serrure de bois du pays ou bien un cadenas
européen. Les rues étroites et tortueuses
sont exactement balayées chaque jour. Le
seul édifice qui se fasse remarquer au milieu de toutes ces terrasses à peu près pa-
reilles, est une grande mosquée en terre,
dominée par deux tours massives, peu éle-
vées et abandonnées aux hirondelles. La
prière se fait dans une cour extérieure.
Quelques baobabs, dattiers, ronniers y
sèment un peu de verdure sur un fonds
rougeâtre.

De la terrasse de sa maison, le voyageur
ne voit au loin qu'une campagne découverte, des marais à perte de vue et à l'ouest
une branche du fleuve.

Le marché de Jenné est assez bien approvisionné de marchandises d'Europe, la
plupart de fabrication anglaise ; verroterie,
faux ambre, faux corail, soufre en bâton,
poudre, pierres à feu, fusils, quincaillerie,
écarlate, toile de coton, etc. Des bouchers
y étalent la viande fraîche ou fumée. Les
marchands vont aussi criant par les rues les
noix de colats, le miel, le beurre végétal et
animal, le lait, le sel, le bois à brûler apporté par les femmes de quatre et cinq
lieues. Le chaume de mil se vend de même
en détail pour la cuisine. Les principaux
commerçants sont les Arabes qui, au nombre de trente ou quarante, occupent les
plus belles maisons de la ville, et font tenir
leurs boutiques par leurs esclaves. Assis
sur une natte, devant leur porte, à côté des
planches de sel qu'ils étalent, ils accaparent
sans peine par leurs correspondants tous

6

les articles recherchés, laissant aux Foulahs maîtres du pays et aux Mandingues le commerce des choses communes. Entre les choses qui se vendent au marché de Jenné, il faut compter les hommes, les femmes, les enfants. « Je les ai vus, dit M. Caillié, promener tout nus dans les rues ; on les criait à 25, 30 ou 40 mille cauris, suivant leur âge. » Du reste, le voyageur paraît avoir reconnu que les noirs esclaves sont beaucoup mieux traités par les noirs, les Foulahs ou les Arabes qu'ils ne le sont par les blancs dans nos colonies d'Amérique. « De Jenné à Tombouctou, dit-il, la plupart des esclaves sont des domestiques de confiance qui, en l'absence de leur maître, gardent la maison ou bien emballent les marchandises et les portent aux embarcations. »

M. Caillié est surtout frappé du mouvement commercial et industriel qui règne dans la ville, mouvement auquel il n'est plus habitué depuis longtemps. Le rigide Foulah, *Ségo-Ahmadou*, dont Jenné était la capitale, importuné par ce mouvement même, qu'il se soucie assez peu d'arrêter par ses guerres perpétuelles contre les infidèles d'alentour, jugeant que tout ce bruit détournait les vrais croyants de leurs devoirs, s'est fondé une autre ville à la droite du fleuve : cette ville où tous les enfants vont apprendre le Coran par cœur dans des écoles gratuites, s'appelle *El-Lamdou-Lillahi* (à la gloire de Dieu). Ce prince et le chef de Jenné n'imposent aucun droit, aucune contribution, mais reçoivent parfois des cadeaux.

Les infidèles (tributaires de Ségo-Ahmadou, sont obligés de faire la prière pour entrer à Jenné.

Hommes, femmes, enfants sont tous proprement vêtus (1). Les femmes ont toutes l'entre-deux du nez percé. Les unes y portent un anneau d'or ou d'argent, les autres

(1) Le voyageur vit avec plaisir que, dans ce pays, on pouvait porter un mouchoir de poche sans être ridicule ; sur toute la route qu'il venait de parcourir il eût été dangereux de se moucher autrement qu'avec les doigts.

un morceau de soie rose. Elles portent au poignet des bracelets en argent, de forme ronde ; et à la cheville un cercle plat, de fer argenté, large de quatre doigts.

Le voyageur s'était décidé à laisser son parapluie au Chérif, qui devait lui procurer une embarcation pour Tombouctou. Ce parapluie avait fait pour le moins autant d'effet à Jenné que dans les moindres villages musulmans ou infidèles ; le Chérif parut fort content du cadeau, et, les trois nuits suivantes, régala son hôte de dattes, de melons d'eau, de pain frais ; le jour du départ, il lui annonça qu'il avait payé 300 cauris au propriétaire du bateau pour qu'il fût défrayé de sa nourriture pendant toute la route ; lui donna quatre bougies de cire jaune, fit emballer et porter à bord son ballot d'étoffe, et lui prépara une pâte de farine de mil et de miel, à mettre, en chemin, dans son eau. Un jeune Arabe, en retour d'une paire de ciseaux, joignit à ces provisions du pain de froment séché au four.

NAVIGATION SUR LE NIGER.

Le 23 mars, à neuf heures du matin — après un séjour de treize jours, Abdallahi, reconduit par ce jeune Arabe, par le Chérif et par son second hôte, dont il avait conservé les bonnes grâces au moyen d'une aune de très-jolie indienne, du reste spécialement adressé et recommandé par une lettre du Chérif à son correspondant de Tombouctou, part, aux cris de *Samalécoum* (la paix soit avec vous), sur un petit bateau chargé de marchandises sèches et d'une vingtaine d'esclaves à vendre (1), qu'un bateau plus grand attend sur le fleuve.

« Vers les deux heures, nous atteignîmes le majestueux Dhioliba, qui vient lentement

(1) Hommes, femmes, enfants : les plus grands étaient aux fers.

de l'ouest. Il est, en cet endroit, très-pro-
fond, et a trois fois la largeur de la Seine
au Pont-Neuf. Ses rives sont très-basses et
très-découvertes. »

Les cinq semaines que M. Caillié passe
sur le Dhioliba sont pour lui des plus pénibles : injurié, menacé par les mariniers
noirs, en l'absence de leur maître; réduit,
par eux, à la ration de riz cuit à l'eau qu'ils
donnent (esclaves eux-mêmes) aux esclaves
enchaînés qu'ils voiturent ; passant les
nuits sur le bateau, plié en deux sur le tas
des bagages ; obligé, les derniers jours, de
se tenir caché pour échapper aux investi-
gations des Touariks du rivage, qui viennent armés de lances et de poignards sur
de petits bateaux, se faire payer des droits
de passe; assez traitables pour les noirs,
mais impitoyables pour les Arabes : sachant
bien que si les Arabes n'ont pas, comme
le disent les nègres, de l'or sous la peau,
ils n'en manquent pas pour cela.

Toutefois, un jeune Foulah est auprès du
voyageur qui le console et l'encourage;

qui descend à terre pour lui chercher du
lait, et lui rend tous les services possibles.
Le voyageur descend lui-même quelquefois lors des haltes qui interrompent fré-
quemment la marche de la flottille.

Le 25 mars, hommes et marchandises
passent sur le grand bateau, déjà chargé de
mil, de riz, de miel, de beurre végétal, de
coton, d'étoffe. Six autres bateaux pareils
avaient même destination. Ces bateaux,
auxquels M. Caillié suppose soixante ton-
neaux de jaugeage, sont construits avec
des planches de cinq pieds de long (sur huit
pouces de large et un pouce d'épaisseur),
ajustées et *cousues* avec des cordes du pays
qui se conservent longtemps sous l'eau.

Le moindre vent menace de submerger
ces embarcations fragiles ; lorsque les rives
sont à découvert, les mariniers, tous noirs
esclaves, tirent les bateaux à la cordelle, ou
s'ils peuvent atteindre le fond, le repoussent avec des perches de quatre à cinq mètres, composées le plus souvent de deux
morceaux bout à bout. Lorsque les rives

sont bdsées ou le fleuve trop profond, ils naviguent avec des rames plates d'un mètre de long : les rameurs tout nus manœuvrent très-vite et observent la mesure.

Cette navigation est lente et périlleuse, retardée par le moindre vent, par les nombreux bancs de sable, par les déchargements qu'ils exigent; enfin, par les nombreux accidents, que tous ces retards n'empêchent pas. M. Caillié cite deux grands bateaux submergés, et un noir noyé.

Quant aux rives du fleuve, elles présentent presque partout des plaines immenses et marécageuses où se distinguent à peine les cahutes de paille des Foulahs musulmans, qui, de leurs pauvres villages, apportent aux bateaux du lait et du poisson, et dont les troupeaux errent par la campagne, en attendant que la crue du fleuve les refoule ailleurs; ou les tentes des Touariks, qui comptent encore moins sur le produit de leurs troupeaux que sur celui des droits de passe qu'ils imposent. L'eau est toute couverte d'oiseaux aquatiques qui semblent

peu redouter les flèches des bergers et des
pêcheurs du rivage. Une seule fois des mugissements de bête féroce se font entendre
la nuit; une seule fois des pas d'éléphant
sont aperçus sur le sable. Le voyageur voit
à plusieurs reprises des hippopotames se
jouer lourdement dans le fleuve, et cite
quelques caïmans qui élèvent la tête à fleur
d'eau, et semblent menacer les pirogues.

Le 1er avril, le fleuve s'élargit, on ne
voit même plus la terre à l'ouest; le lac
Debo ou Dhiébou se déploie comme une
mer intérieure. Trois décharges de mousqueterie saluent cette vaste nappe d'eau :
Salam ! Salam, cria de toutes ses forces
l'équipage de chaque embarcation; le
voyageur lui-même ne pouvait revenir de
sa surprise.

Le 5 avril, la flottille, augmentée de quarante grandes embarcations, se remet en
route au bruit des cris de joie et des coups
de fusil.

Le 17, de nouveaux coups de fusil saluent la nouvelle lune et la fin du carême.

Le lendemain matin, les noirs vont se prosterner à la file dans la plaine ; ils aperçoivent de loin les dattiers de *Cabra*, qui leur annoncent la fin de leurs peines. Abdallahi, caché tout le jour parmi le bagage, est privé de cette vue consolante. A la nuit, il sort de sa cachette, et respire, confondu dès-lors avec les noirs par les féroces douaniers du rivage. Les bateaux ne repartent pas sans leur avoir laissé chacun deux sacs de mil.

Enfin le 10, vers une heure de l'après-midi, après avoir vu, vers six heures, le fleuve se partager en deux branches, le voyageur arrive au port de Cabra. Un petit bateau, tiré à la cordelle par les noirs, l'amène, à trois heures, au village, par un petit canal encombré d'herbes et de vase. Ce village ou plutôt cette petite ville, située sur une petite hauteur qui la préserve de l'inondation, est une sorte de transit entre Tombouctou et le fleuve.

Dans ce mouvement de gens de toute couleur occupés au déchargement et au transport des marchandises, ou bien à célébrer gaiement la fête du Ramadan, personne ne fait attention à Abdallahi. Des Arabes avec lesquels il était venu du port, l'invitent à partager leur souper de riz ; il passe, comme eux, la nuit dehors, couché sur une natte.

Le lendemain, il cherche en vain le correspondant du Chérif parmi les Arabes venus à Cabra, sur de beaux chevaux, recevoir leurs marchandises : ses esclaves, noirs bien vêtus et armés de fusils, envoyés à sa place, complimentent le pèlerin de sa part et l'emmènent.

TOMBOUCTOU.

Parti vers trois heures, le voyageur arrive avec eux à la ville par une route de sable mouvant, le plus souvent dénué de verdure, au moment où le soleil touchait à l'horizon. « Je voyais donc, s'écrie-t-il, cette capitale du Soudan, qui, depuis si longtemps, était le but de tous mes désirs. En entrant dans cette cité mystérieuse, objet des recherches des nations civilisées de l'Europe, je fus saisi d'un sentiment inexprimable de satisfaction : je n'avais jamais éprouvé une sensation pareille et ma joie était extrême. Mais il fallut en comprimer les élans..... Revenu de mon enthousiasme, je trouvai que le spectacle que j'avais sous les yeux ne répondait pas à mon attente : je m'étais fait de la grandeur et de la richesse de cette ville une tout autre idée : elle n'offre au premier aspect, qu'un amas de maisons en terre, mal construites ; dans toutes les directions, on ne voit que des plaines immenses de sable mouvant, d'un blanc tirant sur le jaune et de la plus grande aridité. Le ciel à l'horizon est d'un rouge pâle. Tout est triste dans la nature : le plus grand silence y règne. On n'entend pas le chant d'un seul oiseau... Je conjecture qu'antérieurement le fleuve passait près de la ville, il en est maintenant à près de trois lieues au nord. »

La réception toute paternelle qui, sur les recommandations écrites du chérif de Jenné et sur les explications verbales du propriétaire du bateau, attendait Abdallahi chez son hôte, dut adoucir un peu l'amertume de ce désappointement. « Sidi Abdallahi Chébir, dit M. Caillié, me fit appeler pour souper avec lui. L'on nous servit une bouillie de mil au mouton. Nous étions six autour du plat : on mangeait avec les doigts, mais aussi proprement que possible. Sidi ne me questionna pas ; il me parut doux, tranquille et très-réservé. C'était un homme de quarante à quarante-cinq ans, haut de cinq pieds environ, gros et marqué de petite vérole ; son maintien avait quelque chose d'imposant. Il parlait peu et avec calme. » Ce pieux musulman donne au voyageur toutes les commodités désirables, notamment une chambre séparée dont il lui livre la clef. Deux fois par jour, il lui

7

envoie un plat de riz ou de mil très-bien
assaisonné avec du bœuf ou du mouton (1).

Quant aux constructions et aux habitudes de la ville, elles ne présentent rien de
nouveau à qui vient de voir Jenné : mêmes
maisons à terrasse, sans fenêtre et sans cheminée, mêmes briques rondes, séchées au
soleil; même répartition des diverses branches du commerce entre les Arabes et les
indigènes.

La ville, qui dessine un triangle, paraît
avoir une lieue de tour et contenir au plus
dix à douze mille habitants. Les maisons
n'ont que le rez-de-chaussée et quelques-
unes un cabinet au-dessus de la porte d'entrée. Les rues sont propres et assez larges
pour trois cavaliers de front. Au milieu de

(1) La maison occupée à Tembouctou par M. Caillié, n'était séparée que par la largeur de la rue de
celle qu'y avait habité le malheureux major Laing
en 1826. M. Caillié qui, à Jenné même, avait en-
tendu parler du Chrétien venu, disait-on, *pour
écrire la ville, et tout ce qu'elle contenait*, put recueillir de nombreux détails sur la fin déplorable de la
bouche même de l'hôte du major : Arabe dont notre
voyageur reçut plusieurs fois des dattes et, lors de
son départ, une culotte en coton bleu.

ta ville et au-dehors, des cases rondes en paille servent de logement aux pauvres et aux esclaves.

M. Caillié compte huit mosquées, dont deux grandes, surmontées d'une tour en briques avec un escalier intérieur (1). Du haut de ces tours, où M. Caillié prenait ses notes à son aise, on ne découvre au loin qu'une plaine immense de sable blanc, dont l'uniformité est à peine rompue, çà et là, par quelques arbrisseaux rabougris ou bien var quelques buttes de sable. Le voyageur donnerait presque le nombre des arbres qui ombragent Tombouctou. Il cite entre autres quelques palmachristi et au centre de la ville un palmier doum, sur une sorte de place entourée de cases rondes.

Le bois est extrêmement rare à Tombouc-

(1) Ces deux mosquées ont paru au voyageur d'une construction ancienne. Mais ce qui est plus remarquable, c'est qu'il a cru distinguer, dans la plus grande, des parties qui, par leur élégance, contrastent complétement avec le reste, et paraissent appartenir à une époque plus reculée. Ce sont trois galeries soutenues chacune par dix arcades de dix pieds de haut et de six pieds de large.

tou ; les plus riches seuls en brûlent ; les
autres ne brûlent que le crottin de chameau.
Le fourrage pour les chameaux, les chevaux, les ânes, les bœufs et vaches, les
moutons, les chèvres, vient de trois et quatre lieues. Un tabac d'une petite espèce
est la seule culture autour de la ville. L'eau
se vend au marché, tirée de quelques ci-
ternes découvertes et chauffées par le soleil
ou bien apportée du fleuve par Cabra. Vous
avez vus quels approvisionnements viennent
de Jenné : ces approvisionnement sont à la
merci des Touariks qui peuvent refuser le
passage aux embarcations et ne l'accordent
qu'à force d'exactions, tant à bord des
bateaux que dans la ville même.

Tombouctou ne reçoit d'ailleurs que du
sel, apporté à dos de chameau de plusieurs
endroits du désert ; c'est avec ce sel qu'elle
paie tout le reste.

La ville appartient aux Noirs ; mais les
négociants arabes, sans participer directement au gouvernement, ont, au nom de la
religion et de leur richesse, beaucoup d'as-

cendant dans les conseils. Du reste, Arabes et noirs sont tous zélés musulmans. Le roi de Tombouctou, auquel le voyageur rend une courte visite avec son hôte, est lui-même un noir. « Ce p ince, dit-il, me parut d'un caractère affable. Il pouvait avoir cinquante cinq ans. Ses cheveux étaient blancs et crépus ; il était de taille ordinaire, avait une belle physionomie, le teint noir-foncé, le nez aquilin, les lèvres minces, une barbe grise et de grands yeux. Ses habits, comme ceux des Arabes, étaient faits en étoffes d'Europe ; il portait un bonnet rouge avec un grand morceau de mousseline autour, en forme de turban..... Il se rendait souvent à la mosquée. »

Tous les habitants de Tombouctou font deux bons repas par jour. Les noirs aisés font, comme les Arabes, leur déjeuner avec du pain de froment, du thé et du beurre de vache. Le commerce est l'occupation de tous. Ici, comme à Jenné, les plus belles maisons sont aux Arabes. Les plus riches ont des matelas de coton, les autres couchent sur des nattes ou sur une peau de bœuf, tendue à quelques pouces de terre sur quatre piquets. Les Arabes, établis là pour quelques années seulement, ne prennent pas d'autres femmes que leurs esclaves.

La parure des femmes est la même qu'à Jenné : mêmes tresses de cheveux, mêmes grains de verre, d'ambre ou de corail au cou ; mêmes anneaux ronds ou plats aux bras et aux pieds, mêmes boucles d'*oreille* et de *nez*.

Au marché, même vente publique d'hommes et de femmes. Du reste, selon M. Caillié, c'est toujours avec regret que ces malheureux s'éloignent de cette ville, si triste qu'en soit le séjour : bien nourris, bien vêtus, rarement battus, assujétis d'ailleurs aux cinq prières, ils ne peuvent quitter Tombouctou pour une autre servitude sans être assurés de perdre au change.

Au tableau que fait le voyageur de la douceur des hommes envers les femmes et les esclaves, on serait tenté de craindre que le voyageur ne se soit trop pressé de généraliser les consolantes observations que lui fournissait la maison du bon Sidi Abdallahi Chébir.

Une occasion s'était présentée pour traverser le désert; mais avant de repartir, Abdallahi avait paru vouloir se reposer une quinzaine de jours. « Tu peux rester ici plus longtemps, si tu le veux, lui dit son hôte. Tu me feras plaisir et tu ne manqueras de rien. » Cet excellent homme alla même jusqu'à proposer au voyageur de l'établir dans la ville. Le départ fut enfin fixé au 4 mai.

Pendant les quatorze jours que M. Caillié est resté dans cette ville célèbre, la chaleur y fut excessive; le vent d'est ne cessa pas de souffler; le marché ne se tenait que le soir vers trois heures; les nuits elles-mêmes furent d'un calme étouffant : le voyageur ne savait où se réfugier contre cette atmosphère brûlante.

Toutefois, si quelque chose eût pu lui faire oublier l'excessive chaleur du jour, le calme étouffant des nuits, les tourbillons de poussière, le morne silence des rues, la désespé ante nudité des campagnes, c'eût été le gracieux accueil de son hôte. Du reste à l'affabilité des habitants, à la douceur de leurs manières, à la simplicité de leurs relations, au calme religieux empreint sur tous les visages, il est aisé de voir que si Tombouctou est le désert, c'est le désert humanisé par tout ce qu'une paisible aisance peut apporter de consolation dans un exil volontaire.

Quant à ces autres Arabes avec qui M. Caillié va se remettre en route, sous une même couleur de peau, ce n'est plus le même peuple. Ces commis-voyageurs par qui Maroc et Tombouctou se donnent la main à travers les sables ; ces voituriers du Sahara, endurcis au mal, qui, pour un peu d'or, font chaque année par deux fois leurs deux ou trois cents lieues, malgré le soleil et malgré le vent, malgré la faim, malgré la soif, sans autre ressource pendant trois ou quatre mois de fatigues que du riz cuit à l'eau, du chameau séché, de l'eau tiède, salée ou cro pie : — ces hommes peuvent-ils ressembler aux heureux négociants de la ville qui, tranquillement couchés auprès des planches de sel qu'ils étalent à leur porte, font tenir leurs boutiques par leurs esclaves, et ont tout loisir de causer entre eux, d'étudier le Coran, et d'être calmes, justes et bons.

Par malheur, le voyageur n'avait pour sortir de Tombouctou qu'une seule porte, la porte du nord (1) ; il fallait qu'il suivît jusqu'au bout la ligne que nous avons tracée sur la carte, sous peine de voir l'authenticité de ses récits mise en doute, et de perdre le fruit de tant de fatigues.

Les présents du départ sont ici des échanges. Abdallahi, *le pauvre*, comme on l'appelle à Tombouctou, fait à grand'peine accepter à son dévot et généreux hôte sa vieille couverture de laine et le pot de fer

(1) Il ne faudrait pas prendre cette expression à la lettre ; car M. Caillié nous apprend q e la ville de Tombouctou n'est pas entourée de murs.

blanc qui lui sert pour ses *ablutions*. Il en
reçoit en retour une magnifique couverture de coton, une chemise de coton toute
neuve, deux sacs en cuir pour sa provision
d'eau, du pain de froment cuit au four,
comme notre biscuit, du doknou (1), du
beurre de vache fondu, une bonne quantité
de riz, et surtout de chaudes recommandations pour son correspondant d'El-Arouan.
Les trente mille cauris d'étoffe, provenant
de la vente de Jenné, servirent à payer
la location d'un chameau.

(1) Ce nom désigne la *pâte de farine de mil et de
miel,* que l'on délaie, en chemin, avec de l'eau.

LE DÉSERT.

Le jour du départ (4 mai 1828), avant le lever du soleil, le riche Sidi était debout pour partager une dernière fois avec le pauvre pèlerin son thé et son pain frais au beurre. Quelques heures après, le voyageur, que les adieux ont retardé et qui rejoint la caravane à la course, chemine lentement vers la France, assez durement assis entre des ballots, sur un chameau chargé; heureux en comparaison de tel noir esclave, qui vainement s'appuie sur la croupe des chameaux, vainement se couche à terre, relevé et chassé en avant à coups de verges et de cordes.

Il faut aller à plus de demi-lieue de la ville pour trouver quelques arbustes. Viennent alors quelques buissons rabougris, quelques herbes couvertes de sable que les chameaux broutent en marchant; quelques gommiers élancés au maigre ombrage. Puis, la végétation s'efface peu-à-peu, la terre devient de plus en plus nue et désolée : dès le troisième jour, plus rien que des sillons ou des vagues sablonneuses, creusés ou relevés par le vent, des plaines uniformes de sable uni et presque mouvant, sans trace de chemin frayé; plus rien que la réverbération du soleil sur ce sable où les pieds ne peuvent poser sans douleur.

Les seuls êtres que l'on rencontre en ces solitudes sont des corbeaux et des vautours qui font leur pâture des chameaux morts en route; ou des Touariks, qui, regardant le désert comme leur domaine, mettent à contribution les caravanes qui le traversent. Deux de ces hommes, montés sur le même chameau, au bras gauche le bouclier de cuir, le poignard au côté, à la main droite une pique, accourent se joindre à la caravane. Ce fut à qui leur donnerait de l'eau, bien que l'on n'en dût pas trouver de cinq jours. Ce qu'on avait de meilleur fut pour eux; tant est grande la terreur que luer seul nom inspire.

Enfin, le 9 mai, après six jours de marche (le plus souvent *de nuit*), après cinq jours de calme étouffant, après cinq jours pendant lesquels des nuages qui semblent cloués à la voûte céleste, n'accordent pas une goutte d'eau aux ardentes prières des voyageurs, — on retrouve enfin un peu d'herbe, et l'on aperçoit de loin les chameaux d'El-Arouan. Les compagnons de route de M. Caillié lui montrent l'endroit où, deux années auparavant, gisait le corps du major Laing, abandonné aux oiseaux de proie du désert, et lui redisent les détails de sa mort funeste. A neuf heures du soir, les aboiements de chiens annoncent le voisinage de la ville. Ces aboiements rappellent au voyageur qu'il n'a pas vu de chien à Tombouctou. Le voyageur passe une très-bonne nuit hors de la ville, étendu à terre sur sa couverture, auprès du bagage :

réveillé seulement à minuit pour prendre sa
part d'une bouillie de mil apportée d'El-
Arouan.

Pendant les dix jours qu'Abdallahi reste
dans cette singulière ville, il échappe à
grand'peine à la défiance et aux exigences
des Arabes et des noirs qui veulent absolument qu'il leur donne du tabac, et vont
même jusqu'à le traiter de *chrétien*; mais
ses recommandations de Tombouctou, et la
protection de son hôte, correspondant de
Sidi, viennent à son secours; il s'en tire
encore une fois à force de zèle religieux et
grâce aussi à la crédulité des vieillards qui
disaient en arabe : « Remercions Dieu qu'il
soit venu parmi nous. »

Pendant ces dix jours, le vent d'est souffle
sans interruption, et tient le voyageur
emprisonné; impossible de tenir les portes
ouvertes à cause du sable qui pénètre partout et entre même par les fentes de la porte.
M. Caillié reste tout le jour couché à terre,
obligé de se recouvrir d'un drap pour se
préserver de la poussière; sans autre rafraî-

chissement pour son gosier desséché que de
l'eau saumâtre et chaude, même dans les
courants d'air auquel on l'expose. Impossible, même aux esclaves, de marcher pieds
nus dans la ville ; pour toute rosée, retombe,
la nuit, le sable que le vent a soulevé pendant le jour. Et pourtant trois mille hommes (1), Arabes ou noirs esclaves (Arabes,
enfermés le plus souvent, avec un linge
sur la bouche pour se préserver du sable :
esclaves que leurs maîtres ménagent forcé-
ment pour qu'ils vivent) ; trois mille hommes se résignent à passer douze ou quinze
ans dans cet entrepôt de commerce, pour
se préparer quelque repos sur leurs vieux
jours, dans les verdoyantes campagnes de
Barbarie (2).

Les maisons, crépies avec de la terre
jaune, ressemblent à celles de Jenné et de

(1) Ce chiffre est probablement trop fort, on peut
penser que M. Caillié, en donnant avec raison
peut-être *cinq cents* maisons à El-Arouan, a eu
tort de donner à chaque maison *six* habitants.

(2. Encore cet espoir même n'est-il pas laissé aux
noirs *esclaves*, bien plus nombreux à El-Arouan,
que les Arabes.

Tombouctou, aux toits près, qui sont plats de même, mais de joncs et non de bois. Du reste, point de marché à El-Arouan ; de la viande séchée, pour tout régal ; pour seul combustible, le crottin de chameau. Point de végétation, point de culture, point de fourrage.

L'hôte d'Abdallahi, l'un des plus riches commerçants de la ville et musulman zélé, a, pour l'amour du Prophète, grand soin du voyageur. Il lui envoie régulièrement, sur les onze heures, un plat de riz à la viande : à huit heures du soir, une bouillie de mil assaisonnée de sel et de beurre. Pour l'amour du Prophète aussi, il le pourvoit de cinquante livres de riz, de cinquante livres de doknou, de dix livres de beurre fondu. M. Caillié répond à ces libéralités par son dernier morceau d'étoffe de couleur, une paire de ciseaux et quelques pièces d'argent, lesquelles sont reçues comme une rareté. Les petites coquilles n'ont pas cours à El-Arouan ; et les petits morceaux d'or ou d'argent, qui y servent seuls de monnaie, ne por'ent pas d'empreinte. Un Arabe d'El-Arouan donne au royageur un troisième sac de cuir pour sa provision d'eau.

La caravane qui n'était en partant de Tombouctou que de six cents chameaux, en compte au départ d'El-Arouan, le 19 mai, huit cents de plus ; non pas à la file, mais dispersés au large dans la plaine, ceux qui appartiennent au même maître, marchant par troupe distinct; et rapprochés les uns des autres. Après deux ou trois heures de marche sur un terrain de sable dur, entrecoupé de monticules de sable mouvant, l'on rencontre cinq maisons en briques jaunes, écoles religieuses où les enfants de la ville viennent étudier le Coran : puis au-delà, des puits assez profonds d'eau saumâtre, auxquels on s'arrête pour boire une dernière fois à longs traits.

Au milieu de ces vastes solitudes, les puits de Mourat (c'est le nom des cinq maisons) entourés de quatorze cents chameaux et de quatre cents hommes, offraient le tableau mouvant d'une ville populeuse.

C'était un vacarme affreux. D'un côté l'on voyait des chameaux chargés d'ivoire, de plumes d'autruche, de gomme, de ballots de toute espèce et aussi de noirs (hommes, femmes et enfants), qu'on allait *vendre*, avec le reste, dans les marchés de Maroc. Plus loin, les Arabes (et Abdallahi avec eux) prosternés, imploraient l'assistance divine. — Au-devant s'étendait un horizon sans bornes, où le ciel et la terre mêlaient leurs teintes de feu. Tout ce que l'on distinguait devant soi, c'était une plaine immense de sable éclatant, nuancée à peine par l'ombre de quelques roches saillantes ou les ondulations de quelques monticules arrondis.

A cette vue, les chameaux poussèrent de longs mugissements. Les esclaves, les lèvres immobiles et les yeux au ciel, semblaient penser encore à leurs vertes montagnes, à leurs frais pâturages, à leurs vieux arbres si feuillus, à leurs jeux et à leurs danses. Ils ne songeaient guère à se débattre contre l'impitoyable cupidité de leurs oppresseurs qui, à cette heure même, la

face contre terre, en app claient à la commi-
sération d'Allah et de toute la force de leurs
poumons invoquaient, *pour eux-mêmes, le
Dieu clément et miséricordieux* (1).

Quant au voyageur, il échappe au déses-
poir par l'enthousiasme : Une sorte d'ardeur
belliqueuse brille dans ses yeux. Ce mur de
sable qui se dresse au loin devant lui, lui
apparaît comme une place imprenable à
l'assaut de laquelle il faut monter pour
l'honneur de la France. S'il s'élance gaî-
ment sur son chameau, c'est aussi que
cette France est en avant qui l'appelle, avec
les souvenirs de l'enfance et les espérances
de l'âge mûr.

Enfin, l'on se remet en marche. Tous les
hommes portent deux bandes de toile de
coton sur les yeux et sur la bouche pour se
préserver à la fois de la poussière et de l'air
chaud et sec qui fatigue les poumons.

(1) B?sm ellah elrohman elrahim *au nom de Dieu
clément et miséricordieux.* Cette formule, répétée en
tête de tous les chapitres du Coran, est pour les
musulmans ce que *le signe de la croix* est pour les
chrétiens.

Le premier jour, calme étouffant; soif dévorante; point d'appétit; une seule distribution d'eau; vers dix heures du soir, un repas de riz chaud au beurre fondu. Ce repas n'était pas désaltérant.

Le lendemain à dix heures du matin, l'on dresse les tentes pour marcher pendant la nuit. « On nous donna à chacun, dit M. Caillié, une calebasse d'eau contenant près de trois bouteilles que nous avalâmes d'un seul trait : cette eau tiède nous remplissait l'estomac sans nous désaltérer. J'aurais bien mieux aimé en avoir moins à la fois et plus souvent; mais les Maures qui présidaient aux distributions ne voulurent entendre à aucun nouvel arrangement, et s'en tinrent à leur vieille habitude... Du reste, il n'y avait de préférence pour personne. » Les Maures dont c'était le tour de conduire les chameaux, et qui marchaient à pied en fredonnant des airs, ne buvaient comme les autres qu'aux distributions générales.

Le vent (vent d'est auquel succède le

rent d'ouest, au coucher du soleil) ne cesse
de soulever une poussière brûlante. Le 21,
à dix heures du matin, après avoir marché
toute la nuit sur un sable uni et complète-
ment aride, on dresse les tentes, et l'on
s'étend sur le sable. « Malgré toutes les
précautions que j'avais prises, dit le voyageur, la chaleur fut si forte, ma soif si ardente qu'il me fût impossible de dormir :
ma bouche était en feu et ma langue collée
à mon palais.

« J'étais comme expirant sur le sable...
Je ne songeais qu'à l'eau, aux rivières,
aux ruisseaux. Dans mon impatience, je
maudissais mes compagnons, le pays, les
chameaux, que sais-je ! le soleil même qui
ne regagnait pas assez vite les bornes de
l'horizon.

« L'endroit était d'une aridité affreuse ;
pas un seul petit brin d'herbe ne reposait
l'œil. Les chameaux, exténués de fatigue
et de jeûne, couchés près des tentes, la tête
entre les jambes, attendaient tranquillement
le signal du départ. Enfin il fut donné : à

quatre heures et demie, Sidi-Ali (le propriétaire du chameau qui portait Abdallahi)
jeta quelques poignées de doknou dans
une grande calebasse, versa de l'eau dessus
et mêla le tout avec ses mains, en y plon-
geant les bras jusqu'aux coudes : spectacle
repoussant pour tout autre que des affamés ;
car l'eau était si précieuse que le vieux Ali
n'avait pas lavé ses mains depuis plusieurs
jours. Quoique ce breuvage fût tiède et
fort sale, nous le bûmes à longs traits et
avec délices.

« Après s'être désaltérés, les Maures visi-
tèrent leur bagage et les plaies de leurs
chameaux, faisant écouler le sang et le pus,
coupant les chairs mortes, couvrant les
chairs vives de sel pour empêcher la gan-
grène.

« Quelquefois c'était en sortant de panser
ces plaies, que Sidi-Ali venait préparer notre
breuvage sans même se nettoyer les mains,
ou si, par hasard, il les lavait, il faisait
boire à un de ses noirs l'eau dont il s'était
servi. On ne peut pas s'imaginer l'horreur

et le dégoût que me causait le mépris de cet homme pour ses semblables. »

Le 22 mai, le vent d'est continue d'échauffer l'atmosphère : la soif augmente avec la chaleur, et l'eau diminue sensiblement. Le vent dessèche les outres : l'eau filtre à travers les pores. Abdallahi essaie d'acheter quelques outres de plus; mais les outres n'ont plus de prix. Il se résigne à se traîner, dans les haltes, d'une tente à l'autre, et à mendier, le chapelet à la main, quelques gouttes d'eau *pour l'amour de Dieu.* Le moment était mal choisi; le pauvre mendiant augmentait, en pure perte, sa soif et sa lassitude.

Le 23, le vent d'est soulève des trombes de sable qui, dans leur course, menacent de balayer hommes et chameaux tous ensemble. L'une de ces trombes fait tournoyer les tentes, comme des brins de paille. Le sable soulevé cache le ciel et le soleil, comme un brouillard épais; les gémissements sourds et plaintifs des chameaux répondent aux lamentations des noirs et aux cris d'effroi des fidèles qui répètent de toutes parts : *Allah il allah*, etc. (Dieu est Dieu et Mahomet est son Prophète.)

« Tout le temps que dura cette affreuse tempête, nous restâmes étendus sur le sol, sans mouvement, mourant de soif, brûlés par le sable et battus par le vent. Le calme rétabli, nous nous disposâmes à partir; on prépara le doknou et l'on nous distribua à boire. Pour savourer le plaisir que me promettait ma portion d'eau, je mis la tête dans ma calebasse; je ne prenais pas même le temps de respirer ; j'éprouvai aussitôt un malaise général et presque la même soif. »

Vers quatre heures, les chameaux, agitant lentement le cou et ruminant, reprirent tristement leur marche vers le nord, sans que l'on eût besoin de leur montrer le chemin, sur un terrain sablonneux, couvert de roches de quatre à cinq pieds de hauteur.

Les hommes, envoyés le 22, à la recherche des puits, ne revenaient pas. Après une journée perdue à les attendre, on fait route le 24 vers quatre heures du soir, toujours

vers le nord, sur un sol plus uni que la
veille, mais également couvert de roches.
Cette nuit-là, pas un œil ne se ferme, et la
caravane marche en avant sans autre bruit
que le piétinement des chameaux : les con-
ducteurs eux-mêmes se taisent et se relaient
plus souvent que de coutume.

Le 25, vers neuf heures du matin, on fait
halte dans une plaine de sable dur où croît
un peu d'herbe, aussitôt dévorée par les
chameaux. « Il ne restait plus qu'une outre
et demie d'eau pour onze bouches; on de-
venait de plus en plus économe. Après avoir
bu quelques gouttes d'eau, l'on s'étendit à
terre, en attendant les hommes envoyés à
la provision. Vers dix heures, ces malheureux arrivèrent, à moitié morts de soif. »
Les puits tant cherchés, trouvés enfin et
déblayés, étaient à sec. « Pressés par une
soif ardente, ils s'étaient décidés à tuer un
chameau *pour se partager l'eau contenue
dans son estomac !*

« Vers quatre heures du soir, après avoir
bu le reste de notre eau, la caravane, plus

altérée que jamais, se remit en route. Vers neuf heures, on fit, comme à l'ordinaire, halte pour la prière ; un Maure, qui nous accompagnait, nous donna à chacun un peu de son eau. La nuit comme les précédentes fut très-chaude. »

Enfin, le 20, après avoir marché toute la matinée sur un sol dur, couvert de roches rouges ou noires et feuilletées, après avoir gravi une côte de trois à quatre cents pieds, on descend dans un bas-fond de gros sable jaune, entouré de montagnes roses. Là, sont les puits de Télig, comblés par le sable.

« Les Maures se mirent aussitôt à les déblayer, et, pour la première fois depuis sept jours, l'on fit boire les pauvres chameaux qui, sentant le voisinage de l'eau, étaient indomptables. Quand on les chassait à coups de cordes, ils couraient dans la campagne et revenaient en ruminant s'accroupir autour des puits et poser leur tête sur le sable frais qu'on en retire. La première eau fut très-noire et bourbeuse, et malgré la quantité de sable qu'elle contenait encore, les chameaux se la disputaient avec acharnement. Ces puits dont l'eau est très-abondante, mais saumâtre, n'ont pas plus de trois à quatre pieds de profondeur.

« Lorsque l'eau fut buvable, j'allai mettre ma tête entre celles des chameaux, un Maure me donna à boire dans son seau de cuir, car on n'avait pas pris le temps de déballer les calebasses. »

Ce jour, véritable fête pour les chameaux, est employé tout entier à les faire boire : ils ne pouvaient se désaltérer et se disputaient dans l'auge jusqu'à la dernière goutte; les Maures, occupés de leurs chameaux, ne songeaient pas à dresser les tentes; le vent d'est qui soulevait des tourbillons de poussière, et un soleil ardent, sans abri, gâtent un peu les plaisirs de cette journée; toutefois l'abondance de l'eau permet de faire cuire un peu de riz : premier repas, depuis le 19 au soir.

Les puits de Télig sont, au dire des Maures, à quatre ou cinq heures de marche (à l'est) des mines de Toudéni, d'où se tirent les planches de sel qui s'importent de Tombouctou à Jenné et ailleurs.

Le 27, départ vers trois heures du soir ; et deux heures après, halte sur une veine de sable gris mouvant. Quelques pieds d'herbages épineux soulagent un peu les chameaux, qui n'ont presque rien mangé depuis sept jours. Avant de quitter les puits, on avait tué deux de ces animaux (1) qui ne pouvaient aller plus loin, et étaient près de périr de fatigue. On distribua cette viande à tous ceux qui en voulurent. Elle servit pour le souper. Ali en fit bouillir quelques morceaux, et dans le bouillon fit cuire un peu de riz qui conserva le mauvais goût du chameau. Quant à la viande, les Maures la dévorèrent avec avidité et si dure qu'elle fût, la trouvèrent excellente.

La chaleur paraît plus supportable au voyageur : la soif est désormais moins pressante ; l'eau n'est plus aussi rare, les puits sont plus rapprochés les uns des au-

(1) M. Caillié vit tuer ainsi quatre chameaux avant d'arriver au camp d'Ali.

tres. Le désert ne finit pas ici, mais ici finissent ses plus terribles rigueurs.

A mesure que la nature paraît s'humaniser et s'adoucir, la cruauté des compagnons d'Abdallahi se déploie plus à l'aise. En même temps que le soleil et le vent d'est deviennent plus traitables, la défiance et la dureté de cœur de ces hommes augmentent. ils tournent contre le chrétien converti le peu de loisir et de gaîté que leur laisse à présent leur position meilleure.

L'exemple d'Ali les encourage. Ce propriétaire de chameaux, dont les mains sales et gercées pétrissaient et délayaient si gracieusement la pâte de mil et de miel, petit homme de quatre pieds, à la figure ridée, aux yeux noirs et méchants, à la bouche grande, au menton allongé, à la barbe grise, n'était plus, au désert, l'humble vieillard qui, les yeux baissés, le chapelet à la main, les saintes invocations sur les lèvres, avait séduit par ces dehors et l'honnête *Sidi* de Tombouctou et son pieux correspondant d'El-Arouan et notre Abdallahi, promettant à tous d'avoir pour le pauvre voyageur les tendres soins d'un père. Que dis-je? il abusait encore les autres compagnies de la caravane, affectant de s'être chargé du pauvre pélerin par pure charité musulmane, quand il avait reçu d'avance de Sidi en bon et bel or, la valeur de cent vingt francs, et d'en avoir tout le soin imaginable, au moment même où il venait de lui refuser l'eau commune à présent, et qu'il ne refusait pas aux esclaves. Si le voyageur buvait, Ali fredonnait le petit air avec lequel il faisait boire ses chameaux. Dans le langage d'Ali, Abdallahi et sa monture n'avaient qu'un seul et même nom ; dès qu'il avait prononcé le mot de *Gageba*, les noirs, enhardis par la cruelle gaîté des Arabes, dansaient autour de l'homme à qui s'adressait ce nom de chameau, lui montrant tour-à-tour le morceau de bois qu'ils avaient ordre de lui passer au nez et la branche d'épines qu'ils devaient lui mettre dans les yeux. « Tu vois bien cet esclave, lui disaient les Maures, eh bien ! je le pré-

fère à toi. » Puis esclave et maître, de rica-
ner aux éclats.

Il faut ajouter qu'Abdallahi mangeait à
part, depuis que ses compagnons de route
s'étaient aperçus avec horreur qu'il avait
eu le scorbut. Du reste, il n'avait pu parve-
nir à enlever et faire sauter comme eux le
riz dans la main, à le pétrir rapidement en
petites boulettes, et le jeter, en humant,
dans la bouche. Les Arabes de Jenné entre
autres, lui voyant renverser à terre quelques gouttes de bouillie de mil, s'en étaient
pris de cette maladresse aux chrétiens, qui,
disaient-ils, ne lui avaient pas même appris
à manger décemment. Les Arabes du désert
moins polis, ouvraient une bouche énorme,
y plongeaient les deux mains à la fois, avec
des grimaces hideuses, et criaient de toute
leur force : « Il ressemble à un chrétien. »
— S'il leur demandait de l'eau : « Donne-
nous, répondaient-ils, ton coussabe et ton
cadenas, et tu auras à boire. » Ce coussabe
(chemise de coton, présent de Sidi) et ce
cadenas étaient avec sa couverture de coton

et son sac de cuir, tout ce qui restait à M. Caillié d'apparent. Sa seule ressource était de dire à ces Maures que leurs fusils venaient de France, — ou bien d'avoir recours aux autres compagnies de la caravane. Là, questionné à l'envi sur sa conversion, sur sa fuite et surtout sur les ridicules et les crimes des chrétiens, il voyait ses réponses payées d'un peu d'eau, de mil et de miel.

Le 3 mai, puits de Cramès, à sec ; le 1er juin, entre plusieurs gros blocs de sel, puits de Trasas, eau salée ; le 5, puits d'A-moul-Gragim, eau bourbeuse et salée ; le 9, puits d'Amoul-Taf, eau douce, mais peu abondante ; enfin le 12, les chameaux descendent avec peine par un sentier étroit dans un profond ravin entouré de roches énormes : au fond de ce ravin, un joli bosquet de dattiers ombrage une eau abondante, fraîche et limpide. Il faut avoir marché depuis le 4 mai sur un sable nu et brûlant, pour savoir quelle volupté attend le voyageur à ces puits d'El-Ekseif, et l'arrête.

Le seul incident, depuis les puits de Télig, est la visite de quelques gros serpents qui inquiètent, à plusieurs reprises, le sommeil des voyageurs. J'oublie une alerte de la caravane, effrayée par quelques chameaux aperçus dans le lointain : alerte qui met tous les Maures en armes, et vaut au pauvre Abdallahi l'aumône d'un peu d'eau et d'un morceau de chameau bouilli de la part de trois ou quatre Marabouts en prière, restés seuls au camp avec les esclaves.

Le 27, après *quatorze* autres jours de marche, de haltes et de départ à toute heure du jour et de la nuit (quatorze jours pendant lesquels la provison d'eau est renouvelée quatre fois), un coup de fusil annonce un homme envoyé par Ali qui avait pris les devants, et porteur de lettres sur l'état des march 's du Tafilet.

Dans les défilés de hautes montagnes où la caravane est engagée, le chameau qui porte Abdallahi se prend de peur, fait un écart et jette le voyageur, les reins sur le

gravier. Un Maure vint à son secours, le
prit dans ses bras et le soulagea beaucoup
en le serrant fortement contre sa poitrine.
Ce Maure, qui n'était pas de la société d'Ali,
le remit lui-même sur le chameau, qu'il fit
coucher pour cela. J'omets les souffrances
et les avanies que cette terrible chute occa-
sionne au voyageur resté seul sur sa monture, dans les passages escarpés de l'Atlas.

Le 29, rencontre des femmes et des enfants des Maures, accourus du camp d'El-
Harib au-devant de leur mari, de leur père :
scène de joie et de caresses, qui réconcilie
un moment le voyageur avec ses odieux
compagnons de voyage. — A 9 heures,
arrivée aux douze ou quinze tentes d'Ali
et de sa famille : un de ses fils emprunte à
M. Caillié sa couverture de coton pour
faire meilleure figure à son retour auprès
de ses parents et de ses connaissances.

EL-HARIB.

Le séjour de M. Caillié au camp d'Ali n'est pas des plus agréables. Le voyageur, à part quelques bons morceaux de mouton cuit à point sous des pierres chaudes, est astreint par son avare guide à un régime de mil bouilli et de dattes aussi dures que le fer. Pour échapper aux douleurs que ces dattes lui causent et aux plaies dont elles menacent son palais, il mendie d'une tente à l'autre quelques gouttes de lait de chameau. Il est réduit à chercher, contre les incroyables vexations des fils et des filles d'Ali, un refuge sous la tente d'un pauvre vieux forgeron, dont la vieille mère le prend en pitié : ce vieux forgeron avait fait le voyage de la Mecque et était très-vénéré pour cela.

Par bonheur, la réputation de ses médicaments, tout en lui attirant d'assez fâcheus-
s·s corvées, contribue aussi à lui redonner
un peu d'importance.

Un exemple vous donnera une idée des
connaissances médicales d'El-Harib : c'est
celui d'un saint-docteur musulman auquel
M. Caillié, pour faire diversion à ses maux,
se fait un devoir de rendre visite à une
lieue de là. Il le trouve entouré de vieillards
et de la foule d'infirmes et de malades,
accourue de tous côtés. Pour tout remède,
le saint homme posait gravement la main
sur la partie malade, puis la frottait douce-
ment en marmotant une prière. — Cet
homme n'avait pour tout bien que la connaissance du Coran ; mais, ajoute le voyageur, en Afrique, cette connaissance vaut
une métairie. Elle lui attirait de toutes
parts des étoffes pour ses habits et ses tentes ; il ne manquait ni de monture, ni d'orge
pour sa nourriture et celle de ses amis. Il
recevait tout cela en échange de ses écritures, dont la puissance magique arrêtait

disait-on, les maladies présentes, préservait des maladies à venir, éloignait les voleurs.

Arrivé le 29 juin, M. Caillié repart le 12 juillet à cinq heures du matin, sans autre déjeuner qu'un peu de lait acheté avec un grain de verre de son chapelet : escorté par les *Berbers*, sans lesquels on ne peut faire un pas en sûreté dans ces dépendances de l'empire de Maroc.

Le 23 juillet, après avoir traversé de magnifiques forêts de dattiers qui recouvrent des récoltes d'orge, de froment, de légumes ; après avoir senti les dents des chiens qui défendent l'approche des tentes des Berbers, avoir visité par distraction la petite ville de Mimcina, et marché plus d'une semaine au milieu de bergers montagnards ; bien reçu par les uns, mal mené par les autres, dévotieusement rasé par Ali lui-même, protégé du reste contre cet homme par la présence de deux religieux arabes que le vieil avare nourrit, héberge et voiture, et auxquels il serait bien fâché de paraître mauvais musulman ; Abdallahi arrive enfin à Ghourländ, chef-lieu du Tafilet. Pendant que la foule des Maures et des Juifs, sales et mal vêtus, entoure le bagage de la caravane, lui, prend sur son épaule son sac de cuir, et suit son guide chez le chef de la ville.

Le temps qu'il reste en cette ville, il prend humblement à la porte de ce chef, ses rares et maigres repas, composés de bouillie d'orge, de quelques onces de pain et des dattes : en un mot, la nourriture des esclaves. Cependant un Maure, qui sait les trois premières règles de l'arithmétique, qui possède une montre et aussi une boussole (laquelle, selon M. Caillié, aurait appartenu au major Laing) — prend en amitié le dévot égyptien, et lui fait oublier quelquefois ses peines ; il lui parle des connaissances européennes qu'il admire, tout en abhorrant les *chrétiens* (non sur la parole d'autrui, mais pour les avoir vus de près au cap Mojador et à Maroc). Il lui dit, un jour, qu'il était à Tripoli, au moment où Bonaparte était en Égypte, et lui demanda son âge. Couvert de haillons, noirci par le soleil et malade,

M. Caillié lui persuada sans peine qu'il avait trente-quatre ans.

La seule maison où le voyageur soit admis est celle d'un Juif qui lui change une pièce anglaise de vingt-quatre sous. Ici commence l'emprisonnement des femmes; elles ne sortent qu'enveloppées de la tête aux pieds.

Le 2 août, après bien des démarches vaines auprès du Bacha, après avoir vendu sa dernière chemise au marché, le voyageur se remet en route, sur un âne, à quatre heures du soir. La caravane d'ânes et de mulets, dont sa monture fait partie, est honorée de la présence de quelques marchands de dattes de la race de Mahomet, Chérifs devant lesquels les musulmans et les Juifs même ne passent pas sans ôter et prendre à leurs mains leurs sandales, avec une inclinaison respectueuse. Abdallahi, dans ce trajet, vit le plus souvent de leurs restes. Une autre bonne fortune est celle qui lui donne pour compagnon de route un favori de l'empereur, lequel escorte sa

femme dérobée aux regards sous un pavillon d'écarlate, et voyage avec assez de
libéralité.

Du reste, le voyageur n'est pas heureux
dans les épreuves auxquelles il met la charité et la patience des musulmans, soit qu'il
quête, le chapelet à la main, des dattes par
les villes et villages : soit qu'il fatigue de
sa toux opiniâtre les voyageurs couchés
comme lui à terre, à la porte des églises
musulmanes.

A cela près, les jardins fruitiers, entourés de murs ou de fossés, qui bordent la
route, délassent délicieusement ses yeux,
auxquels sont encore tout présents les plaines arides qu'il vient de traverser. Les
figuiers, les poiriers, les abricotiers, les rai-
sins et les roses lui feraient prendre le Tafilet pour le paradis terrestre, si les hautes et
nombreuses montagnes qui barrent le passage à l'horizon, ne lui annonçaient que ses
fatigues ne sont pas terminées, et qu'à
défaut de force, il va lui falloir du courage
encore.

Le 11 août, ânes, mulets et hommes, également épuisés, arrivent à Soforo, petite ville murée comme les autres, dans une belle plaine de maïs et d'oliviers. Ce que M. Caillié y vit de plus remarquable, ce sont deux moulins à eau et, à la tour de la mosquée, une mauvaise horloge. Il avait troqué la veille, contre de l'eau et un petit gâteau de froment à l'anis, sa dernière emplâtre de diachylon, pour le mal de pied d'un Chérif.

FEZ ET MÉQUINAZ.

Le 12 août vers midi, il entre à Fez avec les Juifs qui se rendaient au marché en grand nombre. Les deux jours que le voyageur passe en cette ville (la plus belle, dit-il, qu'il ait vue en Afrique), il couche à l'écurie, seule hôtellerie des étrangers, à côté des ânes et des mulets, et va prendre ses repas à la mosquée.

Sans nous arrêter davantage à Fez, prenons le chemin de Méquinaz, où M. Caillié se rend sous prétexte de parler à l'empereur. Partis le matin à sept heures (14 août), nous arrivons à cinq heures du soir, en compagnie de deux Mauresses à demi voilées, très-blanches et très-rieuses. M. Caillié en avait une en croupe sur sa mule. La journée avait été assez gaie : le pauvre cavalier avait vu ses soins payés d'une tranche de melon et d'un morceau de pain.

R poussé de l'écurie sur la paille de laquelle il demande la permission de s'étendre, enviant son gîte à la mule qui l'avait porté, le voyageur s'était établi pour sa nuit dans la maison de Dieu ; étendu à terre, il commençait à goûter du repos, quand le portier du saint lieu vint le pousser rudement du pied et lui crier d'une voix rauque de se lever et de sortir ; prenant son sac de cuir, il sortit sans savoir où poser sa tête. Il pensa tristement aux pièces d'argent et aux quatre boucles d'or de Bouré qui lui restaient, et qu'il était obligé de cacher. Il était si faible qu'à la vue de tant d'humiliations et de fatigues, il ne put retenir ses larmes. Un marchand de légumes lui permit à grand'peine de s'abriter sous sa boutique : mais le froid ne le laissa pas dormir.

Le lendemain matin, M. Caillié, son sac sur le dos, se dirige à pied vers *Rabat* (1); mais ses jambes refusent de le porter, il revient à Méquinaz. Cette fois, un bon barbier lui donne hospitalité. Le 16, il repart, sur un âne : si faible qu'il ne peut y monter seul. Le 17, halte, vers midi, au milieu d'un camp militaire, qu'il quitte le 18, à trois heures du matin; le même jour, nous arrivons à Rabat.

Les Maures, à qui le voyageur présente quelques pièces anglaises à changer, le

(1) Ou *Arbate.*

renvoient aux chrétiens, et lui indiquent le
Consul de France : « Je frappai à la porte,
et le cœur me battit, en pensant que j'allais
voir un Français. »

Le consul ou plutôt l'*agent consulaire*
pour la France, à Rabat, était un Juif. Ce
Juif fait subir un interrogatoire au voyageur, lui donne quelques sous sur ses pièces anglaises, lui recommande la prudence,
et l'envoie dîner dans la rue et coucher à
l'écurie. Mais, la prudence elle-même interdit ce gîte à M. Caillié. Les chiens qui
font la nuit la police de la ville, le forcent
d'aller chercher le repos dans un cimetière
au bord de la mer. Ses repas consistaient
en pain et raisin : quelquefois, ajoute-t-il,
je me permettais d'acheter un morceau de
poisson frit.

M. Caillié avait vu avec douleur un brik
portugais partir pour Gibraltar, sans avoir
pu obtenir de l'agent consulaire la faveur
d'y être embarqué. Le 2 septembre, après
quinze jours de ce fatigant vagabondage et
de vaine attente, M. Caillié écrit au vice-

consul de France à Tanger, et, pouvant à peine se tenir, se met lui-même en route pour cette ville. L'âne qui le porte enfonce jusqu'aux jarrets dans un sable mouvant, le long de la mer, et l'obligo à descendre. Dans une halte, le voyageur, enveloppé de sa vieille couverture, essuie un violent accès de fièvre.

A Larache, il voit deux bâtiments français en croisière. Cette vue lui donne des forces. « Les montagnes, qui avoisinent TANGER, me furent, dit-il, bien pénibles à gravir. Enfin, malade et exténué de fatigues, j'atteignis cette ville le 7 septembre à la nuit tombante. »

TANGER.

« Comme j'entrais à pied, la sentinelle ne me dit rien, ce qui m'évita une explication avec le gouverneur.

« Je déposai mon sac à l'écurie, et dès le même soir, je courus dans la ville pour découvrir le consulat de France. Je vis plusieurs mâts de pavillon : l'obscurité m'empêcha de reconnaître le nôtre. Je n'osais m'adresser aux musulmans. Je passai à l'écurie une nuit bien agitée...

« Rendu, le lendemain, dans la rue où j'avais vu les mâts de pavillon, j'aperçus une porte ouverte. Un *chrétien* était auprès ; après avoir regardé autour de moi, je lui demandai, en anglais, la résidence du consul britannique : « Vous y êtes, » répondit-il ; je voulus entrer ; mais cet homme s'y opposa en me repoussant avec horreur, tant j'étais sale et défiguré. Je lui demandai la demeure de notre consul : il me répondit brusquement : *Il est mort.* Mais un Juif qu'il appela m'enseigna la porte du vice-consul, et d'un air curieux me demanda qui j'étais et ce que je voulais à un *chrétien.* Sans lui répondre je m'éloignai un peu... Je retournai, quelques minutes après, à la porte du vice-consul, et, comme elle était entr'ouverte, j'y entrai : une femme juive appela M. *Delaporte* qui me reçut avec empressement, et me fit monter dans un appartement où je ne pouvais être aperçu de personne... Dans son transport, il alla jusqu'à m'embrasser et à me serrer dans ses bras, sans répugnance pour ma personne ni pour les sales lambeaux dont j'étais couvert. Enfin, je ne saurais trop parler de la réception que me fit cet homme généreux. »

RETOUR.

Le voyageur ne passe plus qu'une seule nuit à l'écurie, et rentre au consulat par une porte de derrière : M. Delaporte obtient (1) du commandant de la station navale française, à Cadix, une goëlette sur laquelle, le 28 septembre, notre compatriote s'embarque pour Toulon, déguisé en matelot.

(1) « M. Caillié s'est présenté à moi sous le costume d'un derviche mendiant, costume qu'il ne démentait pas, je vous assure. Il a simulé pendant son voyage le culte mahométan. Si les Maures le soupçonnaient chez moi ou au consulat, ce serait un homme perdu ; je réclame donc de votre humanité, de votre amour, de votre admiration pour les grandes entreprises, de m'aider à sauver cet intrépide voyageur, en m'envoyant un des bâtiments sous vos ordres... »

Lettre de M. Delaporte au commandant de la station française, à Cadix.

Dix jours après, Abdallahi revoyait la France. La Société de Géographie, sur les bienveillantes sollicitations de M. Delaporte et de M. Jomard, tendait la main au voyageur : une avance de *cinq cents francs* lui annonçait à Toulon la réception qui l'attendait à Paris. Une indemnité provisoire de trois mille francs et la croix de la Légion-d'Honneur vint, au bout de quelques semaines, le rassurer sur les dispositions du gouvernement à son égard. Le 5 décembre 1828, le PRIX *de Tombouctou* lui fut adjugé, en séance générale.

Pendant que le voyageur arrive au port et s'y repose, les choses qu'il a vues sur son chemin continuent d'être les mêmes. Sur le sol d'Afrique, le bien et le mal sont également vivaces : comme les nuages qui s'abattent six mois de suite sur les montagnes, comme les rivières qui inondent périodiquement les plaines, comme le vent d'est qui embrase sans interruption le désert ; hommes et femmes, enfants et vieillards parcourent là constamment le même

cercle d'habitudes uniformes. Toujours
même costume, même lit et même table;
mêmes huttes enfumées, même musique et
mêmes danses. Aujourd'hui, comme il y a
cinquante ans, les noirs voyageurs de Cambaya et de Kankan sautent de roche en
roche au bord des précipices leur long bâton à la main et leur longue corbeille de
sel sur la tête. Ceux de Timé, que leur
attirail de sonnettes annonce, barbotent
dans les mêmes marécages avec leurs énormes charges de noix de colat, qu'ils portent si loin, avec tant de peine et si peu de
lucre; les bateaux de Jenné se traînent
lentement sur le fleuve, au gré du vent ou
du calme, arrêtés tant de fois par les bancs
de sable ou les douaniers armés du rivage;
et, sur cette terrible plaine de sable, Arabes au visage couvert, noirs esclaves et
chameaux, cheminent toujours, haletant,
sous le soleil et par les chaudes bouffées du
vent d'est, après une gorgée d'eau tiède,
salée ou bourbeuse. Tout cela n'est pas un
roman, mais de l'histoire. Non pas de l'his-

toire ancienne, mais de l'histoire actuelle
et vivante.

Si nous entreprenions aujourd'hui de
parcourir le même itinéraire que M. Caillié,
nous retrouverions sans doute à chaque pas
les mêmes types d'hôtes, de guides, de marchands exerçant le même négoce si pénible
et si peu fructueux : l'économe *Ibrahim*, le
vieux fourbe *Lamfia*, l'honnête, le généreux *Arafanba*, *Karamo-Osila* de Timé, le
vieux tartufe *Ali*. Le pauvre vieux maître
d'école de Cambaya, le pauvre vieux Maure
de Kankan, la vieille négresse de Timé, le
Chérif de Jenné, le grave et libéral Sidi-
Abdallahi de Temboctou, le pauvre vieux
forgeron d'El-Harib, le bon barbier de Méquinaz et tant d'autres que j'oublie.

Si donc nous nous retournions pour embrasser d'un coup-d'œil et dans toute sa
longueur la route où nous n'avons jusqu'ici
cheminé que pas à pas, voyant peu de chose
à la fois devant nous et presque rien sur les
côtés, le spectacle qui s'offrirait à nous ne
serait pas d'un autre temps, ce serait la

réalité même que le soleil éclaire à l'heure qu'il nous éclaire, à cela près qu'il s'élève, là-bas, plus haut au-dessus de l'horizon.

Cette revue, pour être complète, devrait suivre la distribution (sur cette longue ligne) des terrains, des produits minéralogiques, des arbres et des plantes, des diverses cultures, des divers ordres d'animaux domestiques et sauvages.

Arrêtons-nous seulement à considérer les différents peuples que nous venons de visiter. Les différences, qui se présentent d'abord, sont celles de la couleur de la peau : le teint noir, marron ou bronzé ; les cheveux crépus et les cheveux lisses. — Après cela, la classification la plus naturelle est celle des peuples gais et des peuples sérieux : de ceux qui ont un système de croyances bien arrêté, un lien commun de pratiques journalières ou annuelles, un but pareil en cette vie et en l'autre, une seule et même ambition, une seule et même loi et de ceux qui n'ont rien de tel. Sur toute cette ligne, la religion de ceux qui en ont une, est la musulmane ; la juive ne commence à se montrer que dans l'empire de Maroc. Encore ceux qui n'ont pas de religion constituée, reçoivent avec le plus grand respect tout ce qui leur vient de la musulmane. Musulmans et autres, noirs marrons ou bronzés, tous ils s'accordent dans leur croyance au pouvoir magique de l'écriture (de l'écriture arabe, la seule qu'ils connaissent) ; à la puissance miraculeuse des formules coraniques.

Du reste, parmi les *Fidèles*, nul doute sur la mission du Prophète, sur la divine origine du Saint-Livre, sur l'autre vie, le paradis et l'enfer. La dévotion est là bien souvent tout en mouvements automatiques des bras et des lèvres, mais la foi est aussi profonde qu'aveugle. Ils s'arrêtent devant une bouchée de porc, devant une goutte de bière ou d'eau-de-vie, comme devant le précipice qu'ils voient de leurs yeux. Chacun croit de sa religion ce qu'il en sait et tout ce qu'il en sait, plutôt plus que moins. Ils n'en discutent ou n'en démontrent pas

plus la vérité qu'ils ne disentent ou démon
trent la présence du soleil à l'heure de midi,
et son influence bienfaisante ou terrible.

Cette religion n'est pas de nature à les
·animer d'un zèle bien vif pour l'exploita-
tion de notre planète et l'amélioration du
sort des hommes dans leur terrestre séjour.

Dans ces régions, l'industrie, qui satis-
fait bien juste aux besoins les plus pres-
sants, est presque entièrement abandonnée
aux esclaves (1), et ne s'exerce que sur les
produits qui s'offrent pour ainsi dire d'eux-
mêmes. Le minerai de fer qui se ramasse
en beaucoup d'endroits à fleur de terre, l'or
qui, principalement autour de Bourré, invite au lavage du sable, le sel qui se voit
par bloc dans le désert, la glaise qui fournit
les briques et les poteries, — telles sont les
seules ressources empruntées directement
au sol même.

Les autres opérations (tannage, tissage,
fabrication de savon, etc.) sont celles que

(1) Notamment l'agriculture, laquelle n'emploie
qu'un seul outil, piocue a mauche incliné.

la culture grossière du pays ou la garde des
troupeaux indiquent dès l'abord, ou bien
sont venues à la suite des conquêtes musulmanes.

Quant aux productions de l'industrie
européenne, de l'industrie anglaise surtout,
elles arrivent là sans éveiller la moindre
émulation. Il y a trop d'intermédiaires in-
connus entre une simple aiguille telle
qu'elle sort de nos fabriques et le morceau
de fer d'où les Africains savent que nos ou-
vriers la tirent. A Timé, un des fils de son
hôtesse, montrant à M. Caillié un morceau
d'étoffe de couleur, donné par le voyageur
à la bonne vieille, lui demanda qui avait
fait ces fleurs sur l'étoffe. Apprenant que
c'étaient les blancs, il reprit en conservant
son sérieux : « qu'il croyait qu'il n'y avait
que Dieu qui pût faire d'aussi belles choses. » — Il ne leur vient pas à l'idée de
rivaliser avec les blancs.

Tous, ils aspirent à se donner le moins de
mouvement possible, non pas, comme les
européens en faisant faire leur ouvrage à

l'air, à l'eau, à la vapeur ; mais en augmentant le nombre des machines humaines qui manœuvrent pour eux, à leur commandement.

La seule activité est l'activité commerciale. Et ici encore, malgré les fatigues de la marche et le poids des fardeaux, aucune idée d'amélioration ne se fait jour. Il n'est pas question de chemins. Quant aux rivières, elles se passent le plus souvent à gué ; c'est grand hasard, si quelques ponts chancelants dispensent parfois de ces dangereuses traversées. Les transports sont lents et pénibles, sur la tête des hommes et des femmes, ou tout au plus à dos d'ânes, de mulets ou de bœufs à bosse, ou, dans le désert, de chameaux. Le cheval paraît réservé pour la selle. Quant à la navigation sur le fleuve, il suffit de nous rappeler qu'elle est, comme l'agriculture, stationnaire et par la même raison.

Nulle idée du mieux, nulle recherche, nulle invention ; aucune initiative de réforme ; aucune direction scientifique et

utilitaire; règne absolu des habitudes an-
ciennes; règne absolu des *vieillards* qui
les représentent, et par qui la chaîne des
traditions est tenue entre les générations
mortes et les générations naissantes.

Hommes et femmes, enfants et vieillards
ont, à l'avance, chacun leur rôle, et le
répètent tel que l'ont dit leur père et leur
mère, tel que le répéteront leurs fils et leurs
filles. Les choses sont, pensent-ils, pour
être comme elles sont; et de fait, elles sont
comme elles ont été. Tel homme ou telle
femme sont nés pour être menés au marché
et criés à l'enchère, quand tel autre homme
ou telle autre femme ont besoin de *faire de
l'argent,* — ou bien pour être donné en
indemnité, en *paiement de bail,* en *dot.*
Tout cela leur paraît invariablement arrêté
pour jamais, comme le cours de la lune par
lequel ils comptent les mois et les années.
Il en est de même de l'assujétissement de
la femme à l'homme.

Leurs courses commerciales leur montrant partout mêmes couleurs de peau et

mêmes coutumes religieuses ou civiles, ne portent pas à leurs illusions la moindre atteinte : enchantés de leur pays, ils supposent que nous autres blancs, nous habitons, tous sous un même chef, quelques misérables îles au milieu de la mer (1), et que nous aspirons à nous emparer de leurs belles campagnes. Pour eux, non pas seulement l'Amérique, mais l'Europe elle-même est encore à découvrir.

— Quant au voyageur, nous savions d'avance que son récit ne répondrait le plus souvent aux questions des savants que par des renseignements vagues; s'il cite des champs de fleurs blanches, le botaniste voudrait qu'il en décrivît les étamines et le pistil, qu'il en déterminât le *genre* et l'*espèce*; s'il rencontre à plusieurs reprises des pierres auxquelles il suppose une origine volcanique, le minéralogiste voudrait savoir si ce sont des trachites ou des basaltes, etc. Ces questions ont leurs conséquences.

(1) Cette idée provient sans doute de leurs relations avec les Anglais de la côte.

M. Caillié note avec le plus grand soin la nature du terrain tel qu'il croit pouvoir la déterminer à la simple vue. Mais on sait que, pour ces sortes d'observations, il ne suffit pas toujours de voir, il faut toucher, et toucher avec les pierres de touche que les découvertes chimiques mettent aux mains des observateurs. Il en est de même des autres remarques d'histoire naturelle, de géologie, de pathologie, comme aussi de langues et de mœurs. M. Caillié n'est ni linguiste, ni moraliste, ni naturaliste, ni chimiste, ni géologue, ni médecin. Toutefois, c'est un courageux éclaireur qui a dénoncé à l'attention de l'Europe des peuples et des pays oubliés. Son exemple trouvera et a trouvé déjà des imitateurs.

LA CHASSE AU LION.

Le plus bel animal de la création, à mon avis, c'est le lion. Il est l'image de la force intellectuelle chez la bête, de l'audace et du raisonnement : de la force, parce que nul mieux que lui ne peut résister à tous les quadrupèdes ; de l'audace, parce qu'il est doué de cette qualité au suprême degré ; et enfin du raisonnement, parce qu'il sait être généreux ou cruel, suivant l'occasion.

De toutes les ménageries connues, de toutes les cages des jardins zoologiques du monde, le plus beau spécimen de lion qui ait jamais existé depuis vingt ans était et est encore, sans contredit, le lion Brutus, appartenant au dompteur Peson, que tout Paris a vu et admiré. Ce monstrueux animal, qui eût pu, d'un coup de griffe, arracher la poitrine de celui qui le cravachait à certains moments de la représentation belluaire, se contentait de hausser la crinière et de cligner de l'œil, preuve évidente qu'il dédaignait ce sentiment qu'on appelle la vengeance.

Le roi des animaux a, comme qualité inhérente à son espèce, l'affection la plus cordiale pour sa famille et pour ses enfants, mais je n'en dirai pas autant de sa compagne, qui assiste bien souvent, placide et impassible, à un combat entre son « époux » et un rival préféré.

La race léonine tend à disparaître comme celle de tous les carnassiers dangereux. Nous sommes loin de l'époque où cinq cents lions étaient introduits à la fois dans l'amphithéâtre-cirque de Rome, — lors de l'inauguration du second consulat de Pompée, pour y être massacrés par les belluaires ou déchirés par leurs congénères. C'est Pline qui affirme le fait : on doit le croire.

Les lions africains sont les seuls connus, car c'est seulement sur le sol torride de cette partie du monde que naissent et grandissent les rois des animaux. Les voyageurs dans l'Afrique australe ont publié de nombreuses descriptions de leurs chasses aux lions. Anderson, Gordon Cumming, Jules Gérard, Bombonnel, Chassaing, Chéret, Livingstone ont tous été les héros de ces chasses excentriques qui demandent de l'audace et encore de l'audace. Les récits de ces « entreprises aventureuses » ont été publiés dans des volumes qui, à eux seuls, forment des bibliothèques. Je ne raconterai pas ce que l'on peut trouver dans les livres de ces voyageurs émérites. Je crois plus opportun de donner ici de l'inédit et je trouve cet élément de succès dans la correspondance d'un de mes amis — un héros inconnu — qui a voyagé dans l'Afrique australe et a rapporté de ces excursions lointaines des documents à l'aide desquels on peut intéresser le public le plus blasé.

« La première fois que le rugissement du lion frappa mon oreille, je fus saisi d'une terreur insurmontable. J'étais couché sous ma tente de voyage et je me levai d'un bond pour mieux écouter au dehors.

» Je ne m'étais pas trompé : c'était bien

le cri rauque du roi des animaux. Le qua-
drupède ne devait pas être à plus d'un mille
de notre campement. Je compris que le
carnassier avait senti les émanations de
nos chevaux et des bœufs destinés à traîner
les chariots sur lesquels se trouvait notre
bagage. Il fallait se mettre en état de défense, et j'ordonnai à mon guide boschiman
de prendre les précautions nécessaires. Il se
hâta de faire res errer le cercle formé par
les véhicules, au centre desquels il ramena
les moutons et les bêtes de trait. Cela fait,
nous attendîmes, perchés sur les chariots,
l'approche du ou des carnassiers, car il
nous semblait que les ennemis de notre
repos étaient en nombre.

» Les rugissements léonins se rappro-
chaient de plus en plus; à un moment
donné, cependant, le silence se fit. C'était
une menace imminente : le danger était
devant nous. Mais où le voir, où le deviner?
La nuit était obscure, quoique parfois la
lune se montrât à travers les nuages. Pendant une de ces « éclaircies, » un natif

placé près de moi pour me passer mes armes de chasse et les charger au besoin me poussa le coude et me dit dans son langage :

» — Là ! derrière cet arbre touffu, à droite, il est là. C'est un *mangeur d'hommes.* »

» Je regardai : en effet, un énorme lion, rampant à travers les jungles, s'avançait dans notre direction. Un rugissement épouvantable retentit de nouveau, qui me fit frémir de la tête aux pieds.

» Je distinguai aussitôt les cris de deux de mes Boschimen, et un instant après l'un d'eux, nommé Raft, arriva en courant près de moi, sans pouvoir prononcer une parole, tant sa terreur était grande. Ses yeux sortaient de leurs orbites. Enfin il s'écria :

» — Le lion ! le lion ! Il a emporté Tato et l'a enlevé près du feu, à mes côtés. J'ai frappé à la tête le terrible animal avec un tison enflammé, mais il n'a pas voulu lâcher sa proie. Tato est mort ! Grand Dieu ! Tato est bien mort ! Courons à la recherche de son cadavre. »

« En entendant ces paroles, tous mes

hommes se ruèrent vers le feu et s'emparè-
rent de brandons enflammés.

» Je ne pus m'empêcher d'exprimer ma
colère en les voyant agir de la sorte, et je
leur dis que le lion ferait d'autres victimes
s'ils ne se tenaient pas tranquilles. Ne fallait-
il pas prendre des mesures de prudence?
Ils comprirent ce raisonnement et se rangè-
rent autour de moi pour écouter mes conseils.

» Je fis d'abord lâcher mes chiens, qui ti-
raient sur leurs chaînes et voulaient s'élan-
cer hors du campement; mais ceux-ci, au
lieu de se jeter à droite, vers l'endroit où
s'était réfugié le lion assassin, se précipi-
tèrent à gauche, sur une autre piste.

» Nous entendions les chiens aboyer
avec force, tandis que, de temps à autre,
les rugissements de l'animal frappaient nos
oreilles. Parfois le lion s'élançait vers eux
et les *hounds* revenaient vers nos chariots.

» Cela dura jusqu'au jour. Dès que le
crépuscule nous permit de voir à quelques
pas devant nous, tous les Boschimen armés

de fusils s'avancèrent par mes ordres à droite, à quatre mètres de distance les uns des autres. Je m'étais placé au milieu et je formais la pointe du triangle.

» Nous parvînmes ainsi près d'un ravin où le lion avait traîné l'infortuné Tato. L'un de mes hommes avait trouvé la jambe de ce brave camarade, coupée au-dessus du genou. Le soulier était encore au pied. L'herbe et le buisson étaient couverts de sang et les fragments des habits de Tato épars çà et là.

» Le lion avait traîné le cadavre de notre compagnon à environ six cents mètres de notre camp, le long du courant d'eau, au milieu d'un taillis de roseaux et d'arbres morts emportés par les inondations.

» A des foulées nombreuses, je compris que le carnassier n'était pas loin de nous. Les chiens débouchés s'élancèrent en avant et nous les suivîmes, le doigt sur la détente de nos carabines.

» Tout à coup nous nous trouvâmes au milieu d'une sorte de clairière à l'extrémité de laquelle, ado.sé contre l'angle d'une souche déracinée, était un énorme lion tenant sous une de ses pattes les restes informes du malheureux Tato et frappant ses flancs avec sa queue, dans le paroxysme de la fureur, — *quærens quem devoret.*

» En apercevant l'animal f roce, mon sang bouillonnait de rage, mes dents claquaient, mais j'étais cependant maître de moi. Je me sentais prêt à répondre à l'attaque du carnassier s'il s'élançait sur moi.

» — Tu vas mourir, mon vieux lion ! » lui disai–je *in petto.*

» Et j'épaulai l'animal.

» Une seconde après, j'avais fait feu et une balle traversait l'épaule du meurtrier de Tato.

» Il tomba sous le coup, puis se releva. Je l'achevai en lui logeant une seconde balle en plein crâne.

» Lorsque nous pûmes prudemment approcher de ce splendide animal, nous reculâmes d'horreur. Le ventre du pauvre Tato était ouvert et ses entrailles sortaient toutes sanglantes. La tête détachée du tronc gisait à trois pas du corps : le bras droit était dévoré et l'épaule déchiquetée comme avec un râteau.

» Le lion fut dépouillé par mes Boschimen, et sa peau fut emportée au campement, tandis que les amis de Tato creusaient une fosse pour l'y enterrer. Au milieu du deuil que causa la mort du serviteur fidèle, on éprouva cependant la joie de voir sa fin terrible vengée par le chef blanc, et tous les Boschimen me baisèrent la main en signe de respect. »

Ce récit émouvant n'est pas le seul que nous puissions raconter à nos lecteurs.

» Un jour, raconte le même auteur, un homme de ma suite revenait d'un *kraal* voisin de mon campement ; il s'éloigna un peu du sentier battu pour tuer à l'affût, près d'une source, un *springboch*, si faire se pouvait. Quand il parvint à cet endroit, le soleil était déjà très-élevé. Ne voyant pas de gibier, le nègre alla poser son fusil près d'une roche et, après s'être désaltéré, alluma sa pipe et finit par fermer les yeux. Lorsqu'il se réveilla, quelle ne fut pas sa terreur en voyant un énorme lion couché à trois pas de lui et le regardant fixement !

» L'épouvante avait glacé la voix du chasseur : il respirait à peine, et quand il recouvra sa présence d'esprit il songea à ressaisir son arme afin de tirer sur le roi des animaux. Le lion avait surpris ce mouvement et avait poussé un rugissement terrible. Le nègre fit encore un ou deux essais, mais le fusil se trouvait hors de sa portée ; il dut renoncer à s'en emparer, car le félin ouvrait démesurément sa gueule chaque fois que l'homme remuait la main. La journée s'écoula de cette façon. La nuit vint. Le lion n'avait pas bougé de place et les heures s'écoulèrent dans cet horrible supplice moral.

» Vers midi, le Hottentot vit le lion se lever tranquillement et, le cou tourné de son côté, se rendre à la source pour s'y désaltérer.

» A ce moment suprême, une bande de

cavaliers bóschimen parut à l'horizon : le
lion entendit le bruit que produisaient les
pas des chevaux et crut prudent de se jeter
dans un fourré qu'il traversa rapidement
pour pénétrer dans la forêt.

» Le Hottentot était sauvé, mais ses cheveux crépus avaient blanchi dans l'espace
de vingt-quatre heures. »

Je terminerai cet article par un fait qui
m'a été raconté par le commandant Garnier.

Un Arabe des environs de Guelma apprit
un matin qu'un grand vieux lion à crinière
noire s'était montré dans les environs de son
douar. On avait construit des fosses dans
lesquelles le vieux carnassier ne voulait pas
se laisser prendre, et il décimait chaque nuit
le bétail du canton. L'Arabe quitta un jour
la battue qui s'opérait dans la montagne et
alla se poster près d'un ravin. A peine avait-
il fait deux cents pas qu'il se trouva face à
face avec le lion. Au moment où il armait
son fusil, son arme fut tordue, il fut jeté sur
le dos, les deux épaules entre les griffes du
lion, qui le regardait fixement; c'en était

fait de lui sans un de ses camarades, nommé Ahmed-Zim, qui avait vu ce qui se passait. Sans prendre son fusil, sans même songer aux pistolets qu'il portait à sa ceinture, n'écoutant que son amitié pour son compagnon, il vola à son secours et sauta intrépidement sur le lion, le yatagan au poing. Il frappait d'estoc et de taille, et ceux qui accouraient vers le lieu du combat n'osaient pas se servir de leurs armes, de peur de tuer leur courageux ami. Un d'eux cependant, plus hardi que les autres, parvint à fracasser la tête du lion d'un coup de pistolet tiré dans l'oreille à bout portant.

Le lion abattu pesait deux cent cinquante kilos. Sa peau était déchiquetée en lanières et le sang en ruisselait de toutes parts.

Ahmed-Zim n'avait reçu aucune blessure, mais son ami avait le bras et les épaules affreusement déchirés.

FIN.

TABLE.

—

FIN DE LA TABLE.

———

Limoges. — Impr. EUGÈNE ARDANT et Cⁱᵉ

www.ingramcontent.com/pod-product-compliance
Lightning Source LLC
Chambersburg PA
CBHW072040080426
42733CB00010B/1945